X

24242

LE
DISCIPLE
DE LHOMOND.

TOME SECOND.

LE
DISCIPLE
DE LHOMOND,

ou

Recueil de phrases qui ont rapport aux différentes règles contenues dans les élémens de la grammaire latine par Lhomond.

Par J. B. B.***,
Bachelier ès lettres, Auteur du Petit Élève de Lhomond et autres ouvrages classiques.

NOUVELLE ÉDITION,
revue et corrigée avec soin.

TOME SECOND.

A LYON,
CHEZ RUSAND, LIBRAIRE, IMPRIMEUR DU ROI.

A PARIS,
A LA LIBRAIRIE ECCLÉSIASTIQUE DE RUSAND,
Rue du Pot-de-Fer-Saint-Sulpice, n.° 8.

1826.

LE DISCIPLE
DE LHOMOND.

RECUEIL DE THÈMES,
Où les Règles ne sont pas citées.

THÈME I.er

LE Nil en certains endroits tombe de dessus des rochers escarpés. C'est ce qu'on appelle les cataractes du Nil : après avoir coulé paisiblement à travers les vastes solitudes de l'Ethiopie, et avant d'entrer en Egypte, il passe pas ces cataractes. C'est alors que, devenu tout d'un coup contre sa nature, furieux et écumant dans ces lieux où il se trouve resserré, après avoir enfin surmonté les obstacles qu'il rencontre, il se précipite du haut des rochers en bas avec un tel bruit, qu'il se fait entendre à trois lieues de là. Des gens du pays donnent aux passans un spectacle qui, quelque divertissant qu'il paroisse, ne laisse pas d'être plus effrayant. Ils se mettent deux dans une petite barque, l'un

TOME II.   A

pour la conduire, l'autre pour vider l'eau qui y entre. Malgré la violente agitation des flots, ils conduisent avec adresse leur petite barque, et se laissent entraîner par l'impétuosité du torrent qui les pousse comme un trait. Le spectateur tremblant croit qu'ils vont être abîmés dans le précipice où ils se jettent. Mais le Nil, reprenant son cours naturel, les remontre sur ses eaux tranquilles et paisibles. Ce fait, quelque incroyable qu'il paroisse, est attesté tant par Sénèque que par les voyageurs modernes.

THÈME II.

Le château du Caire passe pour une des choses les plus curieuses qui soient en Egypte. Il est situé sur une montagne hors de la ville. Il est bâti sur le roc qui lui sert de fondement, et entouré de murailles aussi hautes et aussi épaisses qu'il en fut jamais. On monte à ce château par un escalier taillé dans le roc, si aisé à monter que les chevaux et les chameaux tout chargés n'ont pas de peine à y aller.

Le lac Mœris passoit pour le plus grand et le plus admirable de tous les ouvrages des rois d'Egypte, sans excepter même les pyramides et le labyrinthe. Ce lac avoit (1) environ douze ou quinze lieues de circuit, et trois cents pieds de profondeur. Il communiquoit au Nil par le moyen d'un canal qui

---

(1) Patere, pateo...

avoit plus de quatre lieues de longueur, et cinquante pieds de largeur.

On dit qu'un Romain ayant tué en Egypte un chat, par mégarde et sans dessein, la populace en fureur courut à sa maison : le roi eut beau envoyer ses gardes; ils ne purent empêcher la populace de mettre à mort le meurtrier. La vénération des Egyptiens pour les chats étoit telle que dans le temps d'une famine extrême, ils aimèrent mieux se manger les uns les autres, que de toucher à ces animaux.

THÈME III.

On dit que les Egyptiens, dans l'espace de quatre mois, faisoient couver (1) dans des fours plus de trois cent mille œufs. Ils employoient environ dix jours pour échauffer ces fours, et autant à peu près pour faire éclore les œufs. C'étoit un spectacle fort divertissant, que de voir éclore ces poulets dont les uns ne montroient que la tête, les autres la moitié du corps, et les autres sortoient tout-à-fait; et dès qu'ils étoient sortis, on les voyoit courir au travers de ces œufs, ce qui faisoit un vrai plaisir.

Chez les Egyptiens, aussitôt qu'un homme étoit mort, on l'amenoit en jugement. Si l'accusateur public prouvoit que sa conduite eût été mauvaise, on en condamnoit la mémoire, et on le privoit de la sépulture; que si le mort n'étoit convaincu d'aucune faute,

---

(1) Fovere, fovéo.

on l'ensevelissoit honorablement. On comprend combien chacun, touché de l'exemple, craignoit de déshonorer sa mémoire et sa famille.

Les rois des Egyptiens étoient épargnés pendant leur vie ; mais après leur mort, ils subissoient le même jugement que leurs sujets, et on assure qu'il y a eu des rois d'Egypte privés de la sépulture.

THÈME IV.

Le père de Sésostris ordonna qu'on amenât à la cour tous les enfans qui naquirent le même jour que son fils, et il voulut qu'on les élevât avec autant de soin que lui. On les accoutuma dès l'âge le plus tendre à une vie dure et laborieuse. On ne leur donnoit point à manger qu'ils n'eussent fait, soit à pied soit à cheval, une course considérable. Sésostris étant devenu grand, conçut le projet de conquérir le monde; mais avant de sortir de son royaume, il eut soin de gagner le cœur de tous ses sujets par la libéralité, par la justice et l'affabilité. Son armée montoit à six cent mille hommes de pied, et vingt-quatre mille chevaux, sans compter vingt-sept mille chars armés pour la guerre. Il parcourut et soumit l'Asie avec une rapidité étonnante, et pénétra dans les Indes, plus loin qu'Hercule et Bacchus; et plus loin que ne fit dans la suite le fameux Alexandre. Parmi les peuples qu'attaqua Sésostris, les uns défendirent courageusement leur liberté, les autres ne firent aucune résistance. Après avoir parcouru neuf ans le monde, il se renferma presque dans les anciennes bornes de l'Egypte.

THÈME V.

Sésostris, pour rendre le commerce plus florissant, et le transport des vivres d'une ville à l'autre plus facile, eut soin de faire creuser un grand nombre de canaux. Peu s'en fallut que ce prince, par la perfidie de son frère, ne fût brûlé à Péluse avec sa femme et ses enfans. Ce fut sous le règne de Sésostris, et apparemment pendant son absence, que Busiris exerça sa tyrannie sur les bords du Nil. Ce tyran, que sa cruauté a rendu exécrable à la postérité, égorgeoit impitoyablement, dit-on, tous les étrangers qui abordoient en Egypte. — Quant à Sésostris, lorsque les rois venoient lui rendre hommage, comme étant ses tributaires, il avoit la barbarie de les faire atteler à son char quatre à quatre au lieu de chevaux, pour se faire conduire au temple, ou pour entrer dans la ville. On diroit que ce roi, aussi fier qu'inhumain, jugeoit trop bas pour lui de mourir comme les autres hommes. Devenu aveugle dans sa vieillesse, il se donna, dit-on, la mort, après avoir régné trente-trois ans. Il eut pour successeur Phéron. Ce dernier, indigné que le Nil dans un débordement extraordinaire causât un affreux dégât dans le pays, fut assez fou pour lancer un javelot contre le fleuve, comme pour le châtier.

THÈME VI.

Néchao avoit entrepris de joindre le Nil avec la mer Rouge, quoiqu'il y eût une distance au moins de cinquante lieues. Mais ayant perdu six vingt mille hommes dans ce travail, il fut obligé de renoncer à son entreprise.

Amasis, voyant qu'à cause de sa basse naissance les Égyptiens faisoient peu de cas de lui, crut devoir les rappeler à leur devoir plutôt par la douceur que par la sévérité. Il avoit une cuvette d'or, où lui et tous ceux qui mangeoient à sa table avoient coutume de se laver les pieds. Après l'avoir fait fondre, il en fit faire une statue qu'il exposa à la vénération publique. Les peuples n'eurent rien de plus pressé que de venir en foule rendre leurs hommages à la nouvelle statue. Le roi les ayant assemblés, leur exposa à quel vil usage elle avoit d'abord servi, ce qui ne les empêchoit pas de se prosterner religieusement devant elle. Cette parabole dont l'application étoit aisée à faire, eut le plus heureux succès, et fut cause que depuis ce jour, on eut pour ce prince le plus grand respect. Ce fut Amasis qui obligea les particuliers de déclarer au magistrat de chaque ville de quelle profession ils vivoient.

THÈME VII.

Les Tyriens, sans excepter même les rois, pour détourner quelque grand malheur, se faisoient un devoir d'immoler leurs enfans aux dieux : s'ils n'avoient point d'enfans, ils en achetoient des pauvres. On brûloit d'abord inhumainement ces enfans, soit en les jetant au milieu d'un brasier ardent, soit en les enfermant dans une statue de Saturne, qui étoit toute enflammée. Pour étouffer les cris que poussoient ces malheureuses victimes, on faisoit retentir pendant cette barbare cérémonie, le bruit des tambours et des trompettes. Qui le croiroit ? les mères se faisoient un sujet de gloire, et un point de religion d'assister à ce cruel spectacle sans verser des larmes, et sans pousser aucun gémissement. Que s'il leur échappoit quelque larme ou quelque soupir, elles croyoient que le sacrifice étoit moins agréable à la divinité, et qu'elles en perdoient le fruit. Elles portoient la fermeté d'ame, ou pour mieux dire, la dureté et l'inhumanité jusqu'à caresser elles-mêmes et baiser leurs enfans, pour les empêcher de crier ; tant elles craignoient qu'une victime offerte de mauvaise grâce et au milieu des pleurs, ne déplût à Saturne. Dans la suite, on se contenta, dit-on, de faire passer les enfans à travers les flammes ; et très-souvent ils y périssoient.

THÈME VIII.

Quelque barbare que fût cette coutume d'immoler aux dieux des victimes humaines les Carthaginois ne laissèrent pas de s'y conformer jusqu'à la ruine de leur ville. S'ils suspendirent pendant quelques années ce sacrifice, ou pour mieux dire, ce sacrilége, ce n'est pas qu'ils en eussent horreur, mais c'est qu'ils craignoient de s'attirer la colère et les armes de Darius, roi des Perses, qui leur avoit défendu d'immoler des victimes humaines, et de manger de la chair de chien. Mais il n'y a point de doute qu'après la mort de Darius, ils n'aient rétabli la barbare coutume d'immoler des hommes aux dieux. Ce qui le prouve, c'est que sous le règne de Xerxès, successeur de Darius, Gélon, tyran de Syracuse, ayant remporté une éclatante victoire sur les Carthaginois, il ne leur accorda la paix qu'à condition qu'ils n'immoleroient plus de victimes humaines à Saturne. Or, Gélon ne leur fit cette défense que parce que dans le combat qui avoit duré depuis le matin jusqu'au soir, Amilcar, général des Carthaginois, n'avoit cessé de sacrifier aux dieux des hommes vivans, et en grand nombre, qu'il faisoit jeter dans un bûcher ardent. On dit même que ce général voyant ses troupes mises en déroute, ne balança pas de se précipiter lui-même au milieu des flammes. S. Ambroise, en rapportant cette action, dit qu'il voulut éteindre par son propre sang, ce feu sacrilége qu'il voyoit ne lui avoir servi de rien.

THÈME IX.

On dit que dans des temps de peste, les Carthaginois immoloient à leurs dieux un grand nombre d'enfans, sans être touchés de pitié pour un âge qui excite la compassion des ennemis les plus cruels. C'est ainsi qu'ils cherchoient un remède à leurs maux dans le crime, et qu'ils usoient de barbarie pour attendrir les dieux. On rapporte un exemple de cette cruauté qui fait frémir. Dans le temps qu'Agathocle étoit sur le point d'assiéger Carthage, les habitans de cette ville se voyant réduits à la dernière extrémité, n'imputèrent leur malheur qu'à la juste colère de Saturne contr'eux, parce qu'au lieu de lui sacrifier des enfans de la plus noble extraction, selon la coutume, ils avoient eu la hardiesse de mettre frauduleusement à leur place des enfans d'esclaves et d'étrangers. Ils crurent qu'il falloit réparer cette faute; et pour cela, ils n'eurent pas horreur d'immoler à Saturne deux cents enfans des plus nobles familles de Carthage; et pour comble d'aveuglement et de cruauté, plus de trois cents citoyens, qui se sentoient coupables de ce prétendu crime, ne balancèrent pas à s'offrir d'eux-mêmes en sacrifice. Il y avoit, dit-on, une statue d'airain de Saturne, dont les mains étoient penchées vers la terre, de telle sorte que l'enfant qu'on posoit sur ces mains tomboit aussitôt dans une fournaise pleine de feu.

THÈME X.

Plutarque, tout païen qu'il étoit, ne pouvoit s'empêcher de s'écrier : est-ce là adorer les dieux ? Est-ce leur faire beaucoup d'honneur, que de les supposer avides de carnage, et altérés du sang humain ? N'est-ce pas leur insulter que de les croire capables d'exiger et d'agréer de telles victimes ? Les géans, ennemis déclarés des dieux, s'ils avoient triomphé du ciel, auroient-ils pu établir sur la terre des sacrifices plus abominables ? Voilà ce que pensoit un auteur païen du culte Carthaginois, tel qu'on vient de le rapporter. Pour nous Chrétiens, nous ne doutons point que de tels sacrifices n'aient été inspirés aux hommes par le démon qui a été homicide dès le commencement, et qui ne se plaît qu'à leur dégradation, à leur misère et à leur perte.

Un charlatan ayant promis aux habitans de Carthage de leur découvrir à tous leurs plus secrètes pensées, s'ils venoient l'écouter, on les vit accourir en foule au jour marqué. Lorsqu'ils furent tous assemblés, il leur dit qu'ils pensoient tous, quand ils vendoient, à vendre le plus cher qu'ils pouvoient, et quand ils achetoient, à le faire à aussi bon marché qu'il étoit possible. Tous, sans en excepter un seul, se mirent à rire, et convinrent qu'il avoit dit la vérité.

THÈME XI.

A Carthage, un général qui avoit perdu une bataille, avoit lieu de craindre d'être attaché à son retour à une potence, tant les habitans de cette ville étoient d'un caractère dur et barbare, et toujours prêts à répandre le sang des citoyens comme celui des étrangers. Les supplices inouïs qu'ils firent souffrir à Régulus, dont la conduite méritoit d'être admirée même de ses ennemis, prouvent combien ce peuple étoit porté à la cruauté.

Varron revenant à Rome, après avoir perdu par sa faute la bataille de Cannes, on alla au-devant de lui; et loin de faire éclater des plaintes, on le remercia de n'avoir pas désespéré de la république. Qu'on se seroit comporté bien autrement à Carthage! Il n'y a pas à douter qu'un général Carthaginois n'eût subi les derniers supplices.

Cléon demanda un jour qu'on rompît l'assemblée où il présidoit, parce qu'il avoit un sacrifice à offrir, et des amis à régaler. Que fit le peuple Athénien? Il ne fit que rire, et se leva; au lieu qu'à Carthage, dit Plutarque, une telle liberté n'auroit pas manqué de coûter la vie.

THÈME XII.

On ne sait pas précisément en quel temps ni comment les Carthaginois envahirent la Sardaigne. Elle fut pour eux d'un grand secours, et ils en tirèrent pendant toutes leurs guerres des vivres en abondance. La partie méridionale étoit la plus fertile. A l'arrivée des Carthaginois, les naturels du pays se retirèrent sur les montagnes situées vers le nord, qui sont presqu'inaccessibles, et d'où on ne put les faire sortir. Les Carthaginois ne tardèrent pas de s'emparer des îles Baléares (Majorque et Minorque). C'est de ces îles que les Carthaginois tiroient les plus habiles frondeurs de l'univers, qui leur rendoient les plus grands services, tant dans les batailles que dans le siége des villes. Ils lançoient des pierres qui pesoient plus d'une livre (1); et quelquefois même des balles de plomb, avec une telle force et une telle roideur, qu'ils perçoient les casques, les boucliers, les cuirasses les plus fortes, et en même temps avec tant d'adresse qu'ils ne manquoient presque jamais leur coup. On accoutumoit dès l'enfance les habitans des îles Baléares à manier la fronde; et pour qu'ils devinssent plus habiles, les mères suspendoient à une branche d'arbre élevée, le morceau de pain qui devoit servir de déjeûner à leurs enfans, de sorte que ceux-ci demeuroient à jeun jusqu'à ce qu'ils l'eussent abattu.

---

(1) Unam ponderis libram exsuperare.

THÈME XIII.

Les Carthaginois ayant résolu de s'emparer de toute la Sicile, Amilcar, qui étoit le capitaine de son temps le plus estimé, partit de Carthage, avec une armée de terre de trois cent mille hommes, et une flotte de deux mille vaisseaux et de plus de trois mille petits bâtimens de charge. Il forma le siége de la ville d'Himère. Théron, gouverneur de la place, se voyant fort serré, n'eut rien de plus pressé que de députer à Syracuse vers Gélon qui s'en étoit rendu maître. Celui-ci accourut sur-le-champ à son secours à la tête d'une armée de cinquante mille hommes de pied, et de cinq mille chevaux. Son arrivée ayant rendu le courage et l'espérance aux assiégés, ils se défendirent depuis ce temps-là avec beaucoup de vigueur. Gélon étoit fort habile dans le métier de la guerre, surtout pour les ruses. On lui amena un courier qui devoit remettre de la part des habitans de Sélimonte une lettre à Amilcar, pour lui donner avis que la troupe de cavaliers qu'il leur avoit demandée, devoit arriver un certain jour. Gélon en choisit dans ses troupes un pareil nombre qu'il fit partir vers le temps dont on étoit convenu. Ayant été reçus dans le camp, sans que les ennemis se doutassent de rien, ils se jetèrent sur Amilcar, et après l'avoit tué, ils mirent le feu aux vaisseaux.

THÈME XIV.

Dans le même moment Gélon fit fondre toutes ses troupes sur les Carthaginois. Ceux-ci, quoiqu'attaqués à l'improviste, ne laissèrent pas de se défendre d'abord avec toute la valeur dont ils étoient capables. Mais aussitôt qu'ils eurent appris qu'on venoit de tuer leur général, et dès qu'ils virent leur flotte en feu, manquant tout à la fois de forces et de courage, ils se mirent à prendre la fuite. Le carnage fut si horrible que plus de cent cinquante mille hommes restèrent sur la place. Les autres s'étant retirés dans un lieu où ils manquoient de tout, ne furent pas en état de s'y défendre long-temps, et ne balancèrent pas à se rendre à discrétion. Ce combat se donna le jour même où trois cents Spartiates combattant près des Thermopyles contre Xerxès, l'empêchèrent au prix de leur sang de pénétrer dans la Grèce.

Quand on apprit à Carthage la triste nouvelle de la défaite entière de l'armée, les habitans furent si alarmés qu'ils crurent déjà voir l'ennemi à leurs portes; ils n'eurent rien de plus pressé que de députer vers Gélon, pour lui demander la paix, à quelque condition que ce fût. Ils avoient sujet de craindre qu'après avoir remporté une victoire si complète, il ne les écoutât pas avec bonté. Mais cette victoire, quelqu'éclatante qu'elle fût, loin de le rendre fier et intraitable, n'avoit fait qu'augmenter sa modestie et sa douceur, même à l'égard des ennemis. Ainsi ils n'eurent pas beaucoup de peine à en obtenir la paix.

THÈME XV.

Les Carthaginois, au lieu d'imiter la bonté de Gélon envers eux, eurent la cruauté d'envoyer en exil Gisgon, fils d'Amilcar, afin de punir, selon leur détestable coutume, le fils pour le mauvais succès de son père. Quant à Gélon, les Syracusains, d'un consentement unanime, le proclamèrent roi; et loin de le regarder comme un tyran qui eût opprimé la liberté de sa patrie, ils le regardèrent comme leur bienfaiteur et leur libérateur.

Imilcon, général Carthaginois, après s'être emparé de presque toutes les villes de la Sicile, s'attendoit à emporter d'assaut la ville de Syracuse, lorsqu'une maladie contagieuse fit d'étranges ravages dans son armée. Il fut consterné d'avoir été défait par Denis qui ayant attaqué ses soldats à demi-vaincus par la peste, n'eut pas beaucoup de peine à les vaincre. Etant retourné à Carthage qu'il trouva aussi désolée que jamais, il entra dans sa maison sans y vouloir admettre personne, pas même ses enfans, et se donna lui-même la mort.

La peste s'étant répandue dans la ville de Carthage, y fit les plus grands ravages. Les malades étoient tout à coup saisis de violens transports de frénésie, et sortant brusquement de leurs maisons, les armes à la main, comme si l'ennemi se fût emparé de la ville, ils tuoient ou blessoient tous ceux qu'ils rencontroient.

THÈME XVI.

On rapporte qu'Hannon, qui avoit autant de pouvoir à Carthage qu'aucun autre citoyen, forma le détestable projet de faire périr tout le sénat, pour venir plus facilement à bout de se rendre maître de la république. Il choisit pour cette cruelle exécution le jour même des noces de sa fille, où, devant donner chez lui un repas aux sénateurs, il ne lui étoit pas difficile de les empoisonner. La chose ayant été découverte, on n'eut pas la force de punir un tel crime, quelqu'horrible qu'il fût, tant étoit grand le crédit du coupable : on se contenta de le prévenir et de le détourner par un décret qui interdisoit à tous les citoyens une trop grande magnificence des noces. Hannon, loin de se rebuter, lorsqu'il vit que la ruse lui avoit mal réussi, songea à employer la force ouverte, en armant tous les esclaves. Quelques précautions qu'il eût prises, on ne laissa pas de découvrir son dessein. Alors, s'attendant à être puni s'il demeuroit à Carthage, il se retira avec vingt mille esclaves armés dans un château aussi fortifié qu'il pouvoit l'être, et de là, il tâcha de faire entrer dans sa révolte les Africains et le roi des Maures ; mais ce fut en vain.

THÈME XVII.

Hannon ayant été pris, on le conduisit à Carthage. Après avoir été battu de verges, on lui arracha les yeux, on lui brisa les bras et les cuisses; et l'ayant fait mourir à la vue du peuple, on attacha à la potence son corps déchiré de coups. Ses enfans et tous ses parens, sans avoir pris aucune part à sa conspiration, en eurent à son supplice. Malgré leur innocence, on les condamna tous à la mort, pour empêcher que qui que ce soit de sa famille n'imitât son crime, ou n'entreprît de venger sa mort. Tel étoit le génie des Carthaginois qui, pour les punitions, montroient une excessive rigueur, sans consulter ni l'équité ni la modération, et sans examiner si ceux qu'on punissoit étoient coupables ou non.

Timoléon savoit que la bravoure et la prudence l'emportent sur le nombre; aussi quoiqu'il ne fût accompagné que d'environ six mille hommes déterminés à périr plutôt qu'à céder, et qui demandoient avec ardeur qu'on les menât contre l'ennemi, il ne craignit pas d'en venir aux mains avec les Carthaginois dont l'armée montoit à plus de soixante et dix mille hommes; et ce qui doit paroître étonnant, c'est qu'il remporta la victoire, tua plus de dix mille hommes, fit un grand nombre de prisonniers, et prit le camp des ennemis où l'on trouva des richesses immenses.

THÈME XVIII.

Agathocle, homme d'une basse condition, après avoir envahi la souveraine autorité dans la ville de Syracuse, par le secours des Carthaginois, devint un de leurs ennemis les plus acharnés. Ce qui paroît vraiment surprenant, c'est que, renfermé dans Syracuse, et hors d'état d'en soutenir le siége, attendu que tous les alliés l'avoient abandonné à cause de sa cruauté inouïe, il conçut le dessein d'aller assiéger Carthage, dessein si hardi et qui paroissoit si impraticable, que même après l'exécution il paroît presque incroyable. Etant arrivé en Afrique, il mit lui-même le feu à son vaisseau, et ordonna à ses soldats de brûler toute la flotte, pour ne leur laisser d'autre ressource que la victoire. Amilcar ayant voulu attaquer de nuit les Syracusains, eut le malheur de tomber vif entre les mains des ennemis, qui lui firent souffrir les derniers supplices. Sa tête fut envoyée sur-le-champ à Agathocle qui s'approcha du camp des Carthaginois pour leur montrer la tête de ce général. Agathocle, dans la suite, n'eut pas honte d'abandonner son armée pour se dérober par la fuite aux maux qui le menaçoient, sans se mettre en peine de ce que deviendroient ses deux fils. Ses soldats se voyant trahis, les égorgèrent impitoyablement. Pour lui, il termina bientôt après, par une mort cruelle, une vie remplie de crimes.

THÈME XIX.

Les Carthaginois ne pouvant plus souffrir que Régulus ravageât impunément leurs terres, se mirent enfin en campagne. S'étant postés sur une colline qui dominoit sur le camp des Romains, Régulus les y attaqua; les Carthaginois n'ayant fait qu'une foible résistance, il n'eut pas beaucoup de peine à les mettre en déroute. Après avoir pillé leur camp, il ravagea tous les lieux circonvoisins, et alla camper à Tunis qui n'étoit pas fort éloignée de Carthage. Les ennemis furent aussi alarmés que jamais : tout leur avoit mal réussi jusqu'alors. Ils avoient été battus tant par terre que par mer. Plus de deux cents places s'étoient rendues au vainqueur. Les Numides faisoient encore plus de ravages dans la campagne que les Romains. Ils s'attendoient à chaque instant à être assiégés dans la capitale. Ce qui augmenta le trouble, c'est que les paysans accouroient de tous côtés dans la ville, avec leurs femmes et leurs enfans, croyant y être plus en sûreté, de sorte qu'on avoit sujet d'appréhender que la ville ne fût bientôt réduite à la famine, si l'on venoit à en faire le siége. Régulus, dans la crainte qu'un successeur ne vînt lui enlever la gloire de ses heureux succès, fit proposer la paix aux vaincus; mais les conditions leur en parurent si dures qu'ils ne purent y prêter l'oreille.

THÈME XX.

Comme Régulus ne doutoit point que bientôt il ne fût maître de Carthage, il traita les Carthaginois avec hauteur, disant, comme pour leur insulter : « Apprenez à » vaincre, ou à vous soumettre au vain- » queur. » Une telle fierté de la part de Régulus les révolta tellement qu'ils prirent la résolution de périr les armes à la main, plutôt que de rien faire qui fût indigne de la grandeur de Carthage. Réduits à cette fatale extrémité, il leur arriva de Grèce, on ne peut plus à propos, des troupes auxiliaires qui avoient à leur tête Xantippe, lacédémonien. Ce général, sans contredit, est digne d'être mis au nombre des plus habiles capitaines qui aient jamais existé. A force de prier Xantippe, on le contraignit en quelque sorte d'accepter le commandement de l'armée. A peine fut-il à la tête des troupes, qu'à la plus morne consternation succéda tout d'un coup la plus vive allégresse. Les soldats étoient dans l'impatience d'en venir aux mains avec l'ennemi, tant ils espéroient remporter la victoire sous ce nouveau chef, et effacer par leur bravoure la honte de leurs défaites passées.

THÈME XXI.

En effet, la bataille s'étant donnée, les Romains furent mis en déroute de toutes parts, et entièrement défaits. Car les uns furent écrasés sous le poids énorme des éléphans, les autres, sans sortir de leurs rangs, furent criblés des traits de la cavalerie. Il n'y en eut que deux mille qui échappèrent au carnage. Enfin, on fit cinq cents prisonniers, du nombre desquels étoit Régulus. Les Carthaginois, après avoir dépouillé les morts, rentrèrent triomphans à Carthage, traînant après eux le général des Romains et cinq cents prisonniers. Leur joie fut d'autant plus grande que quelques jours auparavant, ils s'étoient vus à deux doigts de leur perte. Xantippe, à qui principalement ils étoient redevables de leur bonheur, fut assez prudent pour disparoître bientôt après, dans la crainte que sa gloire ne le mît en butte à l'envie et à la calomnie, d'autant plus redoutables pour lui, qu'il se trouvoit dans un pays étranger, seul, sans parens, sans amis, et destitué de tout secours.

Régulus, disoit Annibal à Scipion, auroit été un très-rare modèle de courage et de bonheur, si, après avoir vaincu les Carthaginois, il leur avoit accordé la paix qu'ils lui demandoient.

THÈME XXII.

Combien Régulus ne dut-il pas se repentir d'avoir été inexorable à l'égard des Carthaginois, puisqu'après s'être attendu de se rendre maître de leur capitale, il tomba lui-même entre leurs mains! Ce général, pour n'avoir pas su mettre un frein à son ambition, fit une chute (1) d'autant plus honteuse, que son élévation avoit été plus grande. Il resta long-temps resserré dans un noir cachot; et après lui avoir coupé les paupières, on l'en faisoit sortir tout à coup pour l'exposer au soleil le plus ardent; et comme si ce supplice n'eût pas été assez cruel, on porta la barbarie jusqu'à l'enfermer dans une espèce de coffre tout hérissé de pointes qui ne le laissoient reposer ni jour ni nuit. Enfin, après l'avoir ainsi long-temps tourmenté par une cruelle insomnie, les Carthaginois l'attachèrent à une croix, pour l'y faire périr. Telle fut la fin de Régulus qui mérite d'être mis au nombre des plus illustres Romains, surtout si l'on considère qu'il n'eût tenu qu'à lui d'éviter de si affreux supplices, en consentant au rachat des prisonniers romains.

THÈME XXIII.

La victoire qu'Adherbal remporta sur le consul Claudius-Pulcher fit autant d'honneur au premier, à cause de sa prudence et de sa valeur, qu'elle couvrit le second d'ignominie, pour avoir pris lâchement la fuite avec trente vaisseaux, et en avoir abandonné quatre-vingt-treize à l'ennemi. — Hannon, en parlant d'Annibal, disoit

---

(1) Corruere, corruo, etc.

qu'il craignoit que cette étincelle qui commençoit à s'allumer, n'excitât un jour un grand incendie. — Lorsque les Sagontins assiégés par Annibal étoient réduits aux dernières extrémités, les principaux sénateurs ayant porté leur or et leur argent dans la place publique, le jetèrent dans le feu qu'ils avoient fait allumer, et s'y précipitèrent eux-mêmes. — Une tour frappée depuis long-temps à coups de belier, étant venue à tomber tout à coup avec un bruit épouvantable, les Carthaginois entrèrent dans Sagonte, et égorgèrent tous ceux qui étoient en état de porter les armes. Malgré l'incendie de la ville, le butin fut considérable. — Lorsqu'Annibal passa le Rhône pour aller en Italie, quelques-uns des éléphans tombèrent dans l'eau ; mais ils ne laissèrent pas d'arriver comme les autres sur le rivage, sans qu'il s'en noyât un seul.

THÈME XXIV.

Scipion, en arrivant à Marseille, fut d'autant plus surpris d'apprendre qu'Annibal étoit sur le point de passer le Rhône, qu'en partant de Rome il s'étoit attendu à le rencontrer en Espagne. Désespérant donc d'atteindre Annibal, il retourna à sa flotte, et se rembarqua pour aller à sa rencontre, lorsqu'il descendroit des Alpes. — Lorsque les Gaulois, qui s'étoient retirés dans leurs chaumières selon leur coutume au commencement de la nuit, revinrent de grand matin sur les hauteurs, ils furent fort surpris de voir leurs postes occupés par les Carthaginois. — Annibal craignant que les peuples d'Italie qu'il avoit soumis n'attentassent à sa vie, fit faire des perruques et des habits de différentes espèces. Un jour il prenoit un habit, un autre jour il en prenoit un autre, et il se déguisoit si souvent que ses amis mêmes avoient de la peine à le reconnoître. — Avant la bataille de Trasimène, l'armée d'Annibal traversant un marais, eut trois jours et trois nuits le pied dans l'eau, sans pouvoir prendre un moment de sommeil. Ce fut là qu'Annibal perdit un œil. — Le consul Flaminius eut beau ranimer de la main et de la voix ses soldats attaqués à l'improviste par les Carthaginois, les cris affreux de ces derniers et le brouillard épais qui s'étoit élevé, empêchoient de le voir ou de l'entendre.

THÈME XXV.

Les Romains et les Carthaginois combattirent avec tant d'acharnement près le lac de Trasimène, que personne ne sentit un tremblement de terre qui renversa des villes entières dans ces contrées. — Le consul Flaminius ayant été tué par un Gaulois Insubrien, les Romains se mirent à prendre la fuite, et plusieurs se précipitèrent dans le lac de Trasimène. — Fabius s'attendoit qu'Annibal, engagé dans un défilé, ne lui échapperoit pas ; mais le rusé

rusé Carthaginois sut se tirer de ce mauvais pas, en faisant attacher de petits faisceaux de sarment à la tête de deux mille bœufs. — Telle étoit la témérité de Varron, qu'en partant de Rome il n'avoit pas craint de déclarer hautement que le premier jour qu'il rencontreroit l'ennemi, il livreroit bataille et termineroit la guerre. — L'armée d'Annibal, après avoir essuyé les plus grands travaux, et bravé les périls les plus affreux, sans y succomber, se laissa vaincre par les délices de Capoue. Elle s'y livra avec d'autant plus d'avidité qu'elle n'y étoit point accoutumée. — Les Carthaginois et les Romains étoient sur le point d'en venir aux mains devant Rome, lorsqu'une tempête violente les empêcha de combattre, et obligea les uns et les autres de se retirer. On dit que la même chose arriva plusieurs fois de suite.

THÈME XXVI.

La dernière bataille qui se livra entre Scipion et Annibal étoit d'autant plus importante, qu'elle devoit décider qui de Rome ou de Carthage donneroit la loi aux nations. — Annibal voyant que les Carthaginois, après un combat opiniâtre, avoient été obligés de prendre la fuite, en laissant vingt mille hommes sur le champ de bataille, n'eut rien de plus pressé que de courir à Carthage; et y étant entré, il avoua qu'il étoit vaincu sans ressource, et qu'il falloit demander la paix à quelque condition que ce fût. — Scipion ne fit pas difficulté d'avouer qu'Annibal, tout vaincu qu'il étoit, s'étoit surpassé lui-même dans le combat qui se livra près la ville de Carthage, et il lui donna les plus grands éloges. — Gisgon s'étant levé pour dissuader les Carthaginois d'accepter les conditions de paix que Scipion avoit dictées, attendu qu'elles étoient insupportables et honteuses pour eux, Annibal le prit par le bras et le jeta en bas de son siége. — Lorsqu'il fallut ramasser la somme qu'on devoit payer aux Romains, plusieurs sénateurs ne purent s'empêcher de verser des larmes, tellement le trésor public étoit épuisé par les dépenses de la guerre ; on dit qu'Annibal, au contraire, se mit à rire : ce n'est pas qu'il se réjouît des malheurs de sa patrie ; mais c'est qu'il étoit tout troublé, et plus vivement affecté qu'aucun autre.

THÈME XXVII.

Asdrubal, surnommé Hædus, ennemi déclaré d'Annibal, ne craignit pas de dire dans le sénat à Rome, que si les Carthaginois avoient voulu suivre ses conseils, ainsi que ceux d'Annon, ils auroient donné eux-mêmes aux Romains la paix qu'ils étoient obligés de leur demander. — Annibal avoua que s'il avoit eu le bonheur de vaincre Scipion, il se seroit mis au-dessus de tous les généraux, sans en excepter même Pyrrhus et Alexandre. — Annibal, après avoir finement trompé les Crétois, en leur confiant des vases remplis de plomb fondu, et dont la surface seulement étoit couverte d'or et d'argent, partit de leur île, emportant tous ses trésors dans des statues d'airain creuses, et alla se réfugier chez Prusias roi de Bithynie. — Les Romains se comportèrent à l'égard d'Annibal d'une toute autre manière qu'à l'égard de Pyrrhus : ils engagèrent le roi Prusias à trahir le premier, malgré l'hospitalité qu'il lui avoit donnée, au lieu qu'ils avoient eu la générosité d'avertir Pyrrhus qui leur faisoit la guerre dans le cœur de l'Italie, de se garder d'un médecin qui vouloit l'empoisonner. — La paix entre les Romains et les Carthaginois ayant été conclue, Scipion, malgré la douceur de son caractère, fit trancher la tête aux alliés du nom latin, et pendre les citoyens romains qu'on lui rendit comme transfuges.

THÈME XXVIII.

A s'en rapporter à Tite-Live, Annibal étoit aussi inhumain et aussi perfide qu'homme du monde. Mais prenons garde que c'est un Romain qui parle d'un Carthaginois ennemi déclaré du peuple romain. — Annibal manquant de vivres avant d'entrer en Italie, on lui proposa de manger de la chair humaine. Mais loin de goûter une proposition si cruelle, il en eut horreur. Dans la suite il se garda bien de sévir, comme on l'y exhortoit, contre le corps de Sempronius-Gracchus que Magon lui avoit envoyé : il lui fit même rendre les derniers honneurs à la vue de toute son armée. — Ce qui fait l'éloge d'Annibal, c'est que parmi tant de nations différentes dont son armée étoit composée, malgré le défaut de vivres et d'argent, il n'y eut jamais de sédition dans son camp ni contre aucun de ses généraux; tant il avoit de dextérité à manier les esprits. — Ce que je ne puis assez admirer, c'est qu'Annibal eut toujours le plus grand respect pour le grand nombre de femmes qu'il fit prisonnières, tellement qu'on auroit eu de la peine à croire qu'il fût né en Afrique où la pudeur étoit méconnue. — Syphax et Masinissa régnoient l'un et l'autre en Numidie. Le premier, après avoir embrassé le parti des Romains, se déclara ensuite pour les Carthaginois. Le second demeura toujours inviolablement attaché au parti des Romains, après avoir d'abord embrassé celui des Carthaginois.

THÈME XXIX.

Asdrubal, pour se venger de Scipion et des Romains qui assiégeoient Carthage, fit tourmenter tous les prisonniers romains de la manière la plus horrible. On leur crevoit les yeux; on leur coupoit le nez, les oreilles, les doigts; on leur arrachoit la peau avec des peignes de fer, et après les avoir ainsi tourmentés, on les précipitoit du haut des murs en bas. Les Carthaginois, tout acharnés qu'ils étoient contre les Romains, étoient frappés d'horreur. Mais Asdrubal ne les épargnoit pas eux-mêmes ; et il fit égorger plusieurs des sénateurs qui montrèrent assez de courage pour s'opposer à sa tyrannie. — Lorsque Scipion assiégea Carthage, le combat dura six jours, et il y eut un carnage horrible. Pour nettoyer les rues, afin que les troupes passassent plus librement, on tiroit avec des crocs les corps des habitans qu'on avoit tués ou précipités du haut des maisons, et on les jetoit dans des fossés, la plupart encore vivans et palpitans. Scipion passa six jours et six nuits sans dormir, donnant partout les ordres, et s'accordant à peine le temps de prendre quelque nourriture. Enfin, le septième jour on vit paroître des hommes en habits de supplians, qui ne demandoient autre chose, sinon qu'il plût aux Romains de laisser la vie à tous ceux qui voudroient sortir de la citadelle ; ce qui leur fut accordé, à la réserve des seuls transfuges.

THÈME XXX.

Les transfuges qui étoient environ au nombre de neuf cents, voyant qu'il n'y avoit point de quartier à espérer pour eux, crurent n'avoir rien de mieux à faire que de se retrancher dans le temple d'Esculape, avec Asdrubal, sa femme et ses deux enfans.

Quelque petit que fût leur nombre, ils espéroient s'y défendre d'autant plus longtemps que le lieu étoit fort élevé, assis sur des rochers, et qu'il falloit y monter par soixante degrés. Mais enfin pressés par la faim, les veilles et la crainte, voyant que c'en étoit fait d'eux, l'impatience les saisit, et ayant abandonné le bas du temple, ils se retirèrent au dernier étage, déterminés à ne le quitter qu'avec la vie. Cependant Asdrubal, pour échapper à la mort dont il étoit menacé, descendit à l'insçu de tout le monde vers Scipion, portant à la main une branche d'olivier, et il se jeta à ses pieds pour implorer sa compassion dont il étoit d'autant plus indigne, qu'il avoit traité les prisonniers romains avec la plus grande barbarie. Scipion n'eut rien de plus pressé que de le montrer aux transfuges. Transportés de fureur et de rage, après avoir vomi contre Asdrubal mille injures, ils mirent le feu au temple.

THÈME XXXI.

Pendant qu'on s'occupoit à allumer le feu, on dit que la femme d'Asdrubal se para le mieux qu'elle put, et que se mettant à la vue de Scipion avec ses deux enfans, elle lui parla à haute voix en cette sorte : « Je ne fais point d'imprécation contre toi, » ô Romain, attendu que tu ne fais qu'user » des droits de la guerre. Mais puisse ce » perfide être puni comme il le mérite,

» pour avoir trahi ses dieux, sa patrie, sa
» femme et ses enfans ! » Puis adressant
la parole à Asdrubal : « Scélérat, dit-elle,
» perfide, le plus lâche de tous les hommes,
» ce feu va nous ensevelir moi et mes
» enfans ; pour toi, indigne capitaine de
» Carthage, va orner le triomphe de ton
» vainqueur, et subir à la vue de Rome la
» peine que tu mérites. » Puis ayant égorgé
ses enfans, elle les jeta dans le feu, où elle
se précipita ensuite elle-même. Tous les
transfuges, sans en excepter un seul, en
firent autant.

Pour Scipion, voyant la ville de Carthage
si florissante pendant 700 ans, si puissante
peu auparavant sur mer et sur terre, tant
par ses flottes et ses armées nombreuses,
que par ses éléphans et ses richesses, voyant,
dis-je, cette ville absolument ruinée, on
dit qu'il ne put s'empêcher de verser des
larmes.

THÈME XXXII.

Dans le combat que Cyrus livra aux Babyloniens et à leurs alliés, peu s'en fallut que ce prince ne perdît la vie. Car son cheval, qu'un soldat avoit percé sous le ventre, s'étant abattu sous lui, il tomba au milieu des ennemis. Ce fut alors qu'on vit, comme l'a remarqué Xénophon, combien il importe à un commandant de se faire aimer de ses troupes. Officiers et soldats, alarmés pour leur chef, et sans rien craindre pour eux-mêmes, ne balancèrent pas à se précipiter au milieu de cette forêt de piques, pour le dégager. Cyrus ne fut pas plus tôt remonté à cheval que le combat devint plus sanglant qu'auparavant, tellement les Égyptiens attaqués de toute part et faisant face partout, se défendoient avec un merveilleux courage. A la fin, Cyrus ne pouvant s'empêcher d'admirer leur valeur, et ayant peine à laisser périr de si braves gens, leur fit offrir des conditions honorables, leur représentant que tous leurs alliés les avoient abandonnés. Ils n'hésitèrent point à les accepter; mais comme ils ne se piquoient pas moins de fidélité que de courage, ils stipulèrent qu'on ne leur feroit point porter les armes contre Crésus qui les avoit appelés à son secours. Depuis ce temps-là ils servirent dans les troupes des Perses avec une fidélité qui ne se démentit jamais. Les vaincus s'enfuirent avec le plus de diligence qu'ils purent, les uns dans une contrée, les autres dans une autre.

THÈME XXXIII.

Un jour Crésus représenta à Cyrus qu'à force de donner, il se rendroit lui-même pauvre, au lieu qu'il auroit pu être le plus riche prince de l'univers, et amasser des trésors infinis. Cyrus lui demanda à quelle somme il jugeoit qu'auroit pu monter ces trésors. Crésus fixa une somme considérable, pour ne pas dire immense. Cyrus aussitôt fit écrire un petit billet aux seigneurs de sa cour, pour leur faire savoir qu'il avoit besoin d'argent. Sans différer, on lui en apporta une quantité qui excédoit de beaucoup la somme qu'avoit fixée Crésus, quelqu'immense qu'elle fût. Voilà, dit alors Cyrus à Crésus qui avoit de la peine à en croire ses yeux, voilà mes trésors; tels sont les coffres où je garde mes richesses, savoir le cœur et l'affection de mes sujets.

On voit des jeunes gens qui ressentent toutes les incommodités de la vieillesse, pour s'être livrés à la débauche; au lieu que Cyrus ayant toujours mené une vie très-frugale, conserva jusques dans un âge fort avancé toute la vigueur de la jeunesse. Ce prince fut tellement aimé et estimé pendant sa vie, non-seulement des Perses, mais encore des nations qu'il avoit conquises, qu'après sa mort il fut généralement regretté comme le père commun de tous les peuples.

THÈME XXXIV.

CAMBYSE, fils de Cyrus, pour porter la guerre en Égypte, eut un désert à traverser: un roi Arabe fournit à son armée de l'eau que des chameaux portoient sur leur dos. Il ne pouvoit pénétrer en Egypte qu'en se rendant maître de Péluse; mais cette place étoit si forte, qu'elle l'auroit arrêté long-temps, s'il n'eût usé de stratagème. Il avoit appris que la garnison étoit composée d'Egyptiens ; voulant donc donner un assaut à la ville, il entremêla le premier rang d'un grand nombre de chats, de chiens, de brebis, et d'autres animaux que les Egyptiens regardoient comme sacrés. Ainsi les soldats n'osant lancer aucun trait, de peur de percer quelqu'un de ces animaux, Cambyse n'eut pas beaucoup de peine à se rendre maître de la place.

Le roi d'Egypte (1) s'avança à la tête d'une grande armée, pour arrêter les progrès de Cambyse. Avant qu'ils en vinssent aux mains, les Grecs qui étoient à la solde des Egyptiens, pour se venger de Phanès qui s'étoit révolté et avoit embrassé le parti de Cambyse, égorgèrent ses enfans qu'il avoit laissés en Egypte, et ils en burent le sang à la vue des deux armées. Cette cruauté énorme, bien loin de procurer la victoire aux Egyptiens, ne fit qu'irriter les Perses qui tombèrent sur eux avec tant de fureur, qu'ils eurent bientôt mis en déroute toute l'armée égyptienne, et en tuèrent la plus grande partie.

THÈME XXXV.

Cambyse envoya un héraut à Memphis pour sommer les habitans de se rendre. Mais le peuple, transporté de fureur, se jeta sur ce héraut et le mit en pièces, aussi bien que tous ceux qui l'accompa-

---

(1) Psamménite.

gnoient. Cambyse qui se rendit bientôt maître de la place, fit exécuter publiquement, pour punition de cet horrible attentat, dix fois autant d'Egyptiens de la plus haute noblesse, qu'il y avoit eu de personnes massacrées. Le fils aîné du roi ne fut pas lui-même épargné. Quant au roi, Cambyse, non content de lui sauver la vie, lui assigna un entretien honorable. Mais le monarque Egyptien, sans être touché d'une telle bonté, se mit à exciter de nouveaux troubles pour recouvrer son royaume : c'est pourquoi on le condamna à boire du sang de taureau, et il mourut sur-le-champ.

La rage que Cambyse exerça contre le cadavre d'Amasis, roi des Egyptiens, fait voir jusqu'à quel point il haïssoit ce prince. Après avoir tiré son corps du tombeau, et l'avoir exposé à mille indignités, il le fit jeter dans le feu pour être brûlé : ce qui n'étoit pas moins contraire aux coutumes des Perses qu'à celles des Egyptiens.

THÈME XXXVI.

Lorsque Cambyse, sans avoir fait aucune provision, marchoit comme un furieux contre les Ethiopiens, une cruelle famine se fit bientôt sentir à son armée. Tout autre seroit retourné sur ses pas ; mais ce prince craignant de se déshonorer s'il renonçoit à son entreprise, n'eut garde de rétrograder. Il fallut d'abord vivre d'herbes, de racines, de feuilles d'arbres. Puis on fut réduit à manger les bêtes de charge, tant le pays étoit stérile. Enfin les soldats vinrent à cette affreuse extrémité de se manger les uns les autres ; car on décima l'armée, et ceux sur qui le sort tomboit servoient de nourriture à leurs compagnons ; nourriture, comme dit Sénèque, beaucoup plus triste que la plus cruelle famine. Le roi ne laissa pas de persister dans son dessein, ou pour mieux dire, dans sa fureur, sans que la perte de ses troupes lui ouvrît les yeux. Mais enfin, commençant à craindre pour lui-même, il donna ordre qu'on retournât. Dans une telle désolation, qui le croiroit ? on ne rabattit rien de la délicatesse des mets du prince, et les chameaux marchoient chargés de tout ce qu'il faut pour couvrir une table somptueuse. Il ramena à Thèbes son armée, après en avoir perdu la plus grande partie dans son expédition. Ce prince réussit mieux dans la guerre qu'il déclara aux dieux, plus faciles à vaincre que les hommes. Après en avoir pillé les temples, il y fit mettre le feu.

THÈME XXXVII.

Cambyse un jour prenoit plaisir à voir un jeune lion et un jeune chien combattre l'un contre l'autre. Le dernier ayant du dessous, un autre chien, son frère, vint à son secours, et le rendit vainqueur. Cette aventure réjouit fort Cambyse ; mais il n'en fut pas de même de Méroé qui étoit en même temps sa sœur et son épouse. Bien loin de témoigner de la joie, elle ne put s'empêcher de verser des larmes; et Cambyse lui en ayant demandé la raison, elle avoua que ce combat lui avoit rappelé le souvenir de son frère Smerdis qui n'avoit pas eu autant de bonheur que ce petit chien. Sur-le-champ, ce prince aussi brutal qu'homme du monde, donna à sa sœur un coup de pied dans le ventre, malgré sa grossesse, et elle en mourut. Telle fut la fin d'un si abominable mariage.

Le frère de Cambyse étoit le seul d'entre les Perses qui pût venir à bout de bander un arc qu'on avoit apporté d'Ethiopie; le roi en conçut une telle jalousie qu'il renvoya son frère dans la Perse; et dans la suite l'ayant soupçonné, d'après un songe, d'aspirer à la royauté, il envoya un de ses confidens pour le faire mourir; ce qui fut exécuté. Combien il s'en faut que Cambyse ressemblât à Cyrus son père! celui-ci avoit été aussi doux et aussi affable que celui-là fut cruel et brutal.

THÈME XXXVIII.

Crésus ayant eu la hardiesse de représenter à Cambyse combien son étrange conduite révoltoit tout le monde, et combien il lui importoit de ne pas se faire haïr de ses sujets, Cambyse ne balança pas à donner ordre qu'on le fît mourir. Ceux qui reçurent cet ordre, prévoyant qu'il ne tarderoit pas de se repentir, en suspendirent l'exécution. Quelque temps après, en effet, comme Cambyse regrettoit Crésus, ses gens lui dirent qu'il étoit encore en vie. Quelque joie que lui causât cette nouvelle, il ne laissa pas de condamner à mort ceux qui l'avoient épargné, pour n'avoir pas exécuté ses ordres.

A en croire Hérodote, les crânes des Egyptiens étoient si durs qu'on pouvoit à peine les briser à coups de pierre ; ceux des Perses, au contraire, étoient si mous qu'on n'avoit aucune peine à les percer ; c'est que les premiers, dès le plus bas âge alloient la tête nue et rasée, au lieu que les derniers avoient toujours la tête couverte d'une tiare.

Le philosophe Thalès s'étant un jour laissé tomber dans une fosse, pendant qu'il s'occupoit à contempler les astres : « Comment, » lui dit une vieille femme, pourriez-vous » connoître ce qui est dans le ciel, et fort » au-dessus de votre tête, vous qui ne voyez » pas ce qui est à vos pieds et fort près de » vous ?

THÈME XXXIX.

OTANES ayant découvert par l'entremise de Phédime sa fille, que Smerdis n'avoit point d'oreilles, forma sur-le-champ contre l'usurpateur une conspiration avec six des plus illustres Persans, du nombre desquels étoit Darius qui fut roi dans la suite. Pendant qu'ils délibéroient, les mages partisans de Smerdis furent étrangement déconcertés par un événement auquel on ne s'attendoit pas. Préxaspe avoit promis de déclarer publiquement que le roi étoit véritablement Smerdis, fils de Cyrus. On assembla donc le peuple. Préxaspe parla du haut d'une tour ; et au grand étonnement de tout le monde, il déclara avec la plus grande sincérité tout ce qui s'étoit passé, savoir : qu'il avoit tué de sa propre main Smerdis par l'ordre de Cambyse son frère ; que celui qui occupoit le trône étoit le mage Smerdis. Puis après avoir demandé pardon aux dieux et aux hommes du crime qu'il avoit commis malgré lui, il se jeta du haut de la tour la tête en bas, et se tua. Il est aisé de juger quel trouble cette nouvelle répandit dans le palais. Les conjurés qui ne savoient rien de ce qui venoit d'arriver, y entrèrent sans qu'on soupçonnât rien d'eux. Comme c'étoient les plus grands seigneurs de la cour, on ne leur demanda pas même à qui ils en vouloient.

THÈME XL.

Lorsque les conjurés furent près de l'appartement du roi, et que les officiers firent mine de leur en refuser l'entrée, alors tirant leurs sabres, ils firent main basse sur tout ce qui se présenta à eux. Smerdis le mage et son frère qui délibéroient ensemble sur ce qui venoit d'arriver, n'eurent pas plus tôt entendu du bruit, qu'ils prirent leurs armes pour se défendre, et blessèrent quelques-uns des conjurés. L'un des deux frères fut tué sur-le-champ : l'autre s'étant sauvé dans une chambre plus reculée, y fut poursuivi par Gobryas et Darius. Le premier l'ayant saisi par le corps, le tenoit fortement serré entre ses bras. Comme ils étoient dans les ténèbres, Darius n'osoit lui porter de coups, de peur de tuer, ou l'un pour l'autre, ou tous deux en même temps. Gobryas sachant son embarras, l'obligea de passer son épée à travers le corps du mage, dût-il les percer tous deux ensemble. Mais il le fit avec tant d'adresse et de bonheur, qu'il n'y eut que le mage de tué, sans que Gobryas fut même blessé.

Alors, sans différer, les conjurés sortirent du palais, les mains encore ensanglantées ; et se montrant en public, ils exposèrent aux yeux du peuple la tête du faux Smerdis, ainsi que celle de son frère Patizite, et découvrirent toute l'imposture. Le peuple fut si transporté de fureur qu'il se jeta sur tous ceux qui étoient de la secte de l'usurpateur, et sans faire quartier à aucun, il en massacra autant qu'il en put rencontrer.

THÈME XLI.

Après le massacre du faux Smerdis qui avoit usurpé le trône de Perse, sept seigneurs Persans convinrent de se rendre le lendemain dans un endroit marqué, et d'élire pour roi celui dont le cheval henniroit le premier. L'écuyer de Darius, par un stratagème dont il s'avisa, procura la couronne à son maître. — Chez les Babyloniens, c'étoit la coutume d'exposer les malades à la vue des passans, pour s'informer d'eux s'ils n'avoient point été attaqués d'un mal pareil, et par quels remèdes ils en avoient été guéris. — Cicéron se moquoit avec raison des astrologues : « Apprenez-nous, leur disoit-il, » pourquoi de tant d'enfans qui naissent » dans le même moment, et par conséquent » sous l'aspect des mêmes astres, deux n'au- » ront pas précisément le même sort ? » Croyez-vous, ajoutoit-il, que ce grand » nombre d'hommes qui périrent à la ba- » taille de Cannes d'un même genre de mort, » fussent tous nés sous la même constella- » tion ? » — D'après les lois de Lycurgue, aussitôt qu'un enfant étoit né, on le visitoit : étoit-il bien formé, fort, vigoureux, on le nourrissoit : étoit-il mal fait, foible et délicat, on le condamnoit à périr. Peut-on ne pas avoir horreur d'une telle barbarie ? — Un Spartiate, nommé Prédarète, n'ayant pas eu l'honneur d'être choisi pour l'un des trois cents qui avoient un rang distingué à Lacédémone, au lieu de s'affliger, s'en retourna chez lui fort content et fort gai, disant qu'il étoit ravi que Sparte eût trouvé trois cents hommes plus honnêtes gens que lui.

THÈME XLII.

Un jeune homme de Lacédémone ayant pris un petit renard, le cacha sous sa robe de peur d'être découvert, et souffrit, sans jeter un seul cri, qu'il lui déchirât le ventre avec les ongles et les dents, jusqu'à ce qu'il tombât mort sur la place. — Lorsqu'on célébroit à Lacédémone une certaine fête en l'honneur de Diane, les enfans se laissoient fouetter jusqu'au sang, sous les yeux de leurs parens et en présence de toute la ville, sur l'autel de cette déesse inhumaine, et quelquefois même ils expiroient sous les coups, sans pousser aucun cri, ni même aucun soupir. C'étoient leurs pères eux-mêmes qui, les voyant tout couverts de sang et de blessures, et près d'expirer, les exhortoient à persévérer constamment jusqu'à la fin. C'est ainsi que les uns et les autres étoient aveuglés par le démon, l'unique auteur de si abominables sacrifices. Plutarque assure avoir vu de ses propres yeux plusieurs enfans perdre la vie à ce cruel jeu. — Les mères Spartiates, loin de verser des larmes lorsqu'elles apprenoient que leurs enfans avoient été tués dans le combat, en témoignoient de la joie. Peut-on admirer une conduite si dénaturée? Combien ne parloit pas plus sagement un de nos généraux à qui, dans le fort du combat, on annonça que son fils venoit d'être tué! « Songeons maintenant, dit-il, à vaincre l'ennemi ; demain je pleurerai mon fils. »

THÈME XLIII.

Amasis, roi d'Egypte, écrivit à Bias pour le consulter, et lui demander ce qu'il falloit répondre au roi d'Ethiopie. Celui-ci s'engageoit à céder au roi d'Egypte un certain nombre de villes, s'il venoit à bout de boire toutes les eaux de la mer, à condition que s'il ne le faisoit, il lui en céderoit autant. Bias conseilla à Amasis d'accepter l'offre, à condition que le roi d'Ethiopie arrêteroit tous les fleuves qui se jettent dans la mer : car il ne s'agissoit que de boire les eaux de la mer et non celles des fleuves. On attribue à Esope une pareille réponse.

Comme la ville de Priène assiégée par Alyatte, étoit fort pressée par la famine, Bias, pour sauver sa patrie, fit engraisser deux mulets, et les fit passer dans le camp des ennemis. Leur embonpoint étonna le roi, et il envoya dans la ville des députés, comme pour faire des propositions de paix, mais en effet pour observer en quel état étoit la ville. Bias avoit fait couvrir de blé de grands tas de sable. Quand les députés eurent rapporté au roi l'abondance où ils avoient trouvé la ville, il n'hésita plus, et ayant conclu le traité, il leva le siége.

Thalès trouva un moyen non moins sûr que facile de mesurer la hauteur des pyramides d'Egypte, en observant le jour où l'ombre de notre corps est égale à sa hauteur.

THÈME XLIV.

Darius 1.er assiégea la ville de Babylone qui avoit eu la hardiesse de se révolter. Les habitans, pour faire durer plus long-temps les provisions, et soutenir plus vigoureusement le siége, après avoir rassemblé toutes les femmes et les enfans, eurent la barbarie de les étrangler. Après cette cruelle exécution, ils insultoient du haut des murs les assiégeans, et les accabloient d'injures. Les Perses, pendant l'espace de 18 mois, eurent beau employer la force et la ruse. Darius désespéroit de se rendre maître de la place, lorsque Zopyre, après s'être coupé le nez et les oreilles, et s'être mis en sang le reste du corps, passa comme transfuge à Babylone, et en ouvrit bientôt après les portes aux troupes des Perses qui n'auroient jamais pu prendre cette place ni par assaut ni par famine. Quelque puissant que fût Darius, il se trouvoit hors d'état de récompenser dignement un tel service. Il combla Zopyre de tous les honneurs qu'un roi peut accorder à un sujet. Dès que Darius se vit en possession de Babylone, il fit enlever les cent portes, et abattre les murailles de cette superbe ville, de crainte qu'elle ne se révoltât dans la suite. Tout autre que Darius, usant des droits du vainqueur, en auroit exterminé tous les habitans; mais ce prince se contenta de faire empaler trois mille de ceux qui avoient eu le plus de part à la révolte, et pardonna à tout le reste. Tel fut le sort de l'impie Babylone qui avoit traité cruellement les Juifs, peuple malheureux et chéri de Dieu.

THÈME XLV.

Les Scythes ayant appris que Darius marchoit contre eux, délibérèrent sur ce qu'ils avoient à faire. Sentant bien qu'ils n'étoient pas en état de résister seuls à un ennemi aussi redoutable qu'étoit le roi des Perses, ils députèrent vers tous les peuples voisins pour leur demander du secours, en leur représentant que le danger étoit commun, et qu'il importoit à tous également de repousser un ennemi qui en vouloit à tous. Quelques-uns leur promirent du secours: d'autres refusèrent absolument de se mêler d'une guerre qui ne les regardoit point. Ces derniers ne tardèrent pas de s'en repentir. Les Scythes, pour mettre en sûreté leurs femmes et leurs enfans, les firent passer sur des chariots dans les parties les plus septentrionales, avec leurs troupeaux, ne se réservant que ce qui étoit nécessaire à l'armée. Ils eurent soin aussi de boucher tous les puits et toutes les fontaines, et de consumer tous les fourrages dans les lieux où les Perses devoient passer. Ils allèrent donc à leur rencontre avec leurs alliés, non pour leur livrer combat, mais pour les attirer dans les lieux où ils avoient intérêt qu'ils vinssent. C'est ainsi qu'ils les conduisirent de contrée en contrée chez tous les peuples qui avoient refusé d'entrer dans leur alliance, et dont les terres furent entièrement ravagées tant par l'armée des Perses que par celle des Scythes.

THÈME XLVI.

Plus Darius s'avançoit dans la Scythie, plus son armée avoit à souffrir. Elle étoit réduite à l'extrémité, lorsqu'un hérant vint de la part des Scythes offrir pour présent à Darius, un oiseau, une souris, une grenouille et cinq flèches. Darius demanda ce que signifioient ces présens. Le héraut répondit que c'étoit à lui à en pénétrer la signification. Ce prince crut d'abord que les Scythes vouloient se rendre à lui. Mais Gobryas, un des sept qui avoient conjuré contre le mage qui se donnoit pour le fils de Cyrus, donna à cette énigme un autre sens que Darius. « Perses, dit-il, sachez que si vous ne vous envolez dans l'air comme les oiseaux, ou si vous ne vous cachez dans la terre comme les souris, ou si vous ne vous enfoncez dans l'eau comme les grenouilles, vous n'échapperez point aux flèches des Scythes. » En effet, l'armée entière conduite dans une région vaste, inculte, déserte et absolument destituée d'eau, pensa périr; et Darius lui-même ne fut pas exempt de péril. Ce prince qui s'avouoit redevable de la couronne à son cheval, dut son salut à un chameau qui, chargé d'eau, eut beaucoup de peine à le suivre dans cet affreux désert:

Darius ne délibéra pas davantage, et il se vit forcé malgré lui de renoncer à sa folle entreprise.

THÈME XLVII.

Un vieillard respectable, nommé Oébasus, avoit trois fils qui se préparoient à suivre Darius sur le point de déclarer la guerre aux Scythes. A son départ de Suse, ce père infortuné le pria de lui laisser un de ses trois fils, pour la consolation de sa vieillesse. Un seul ne suffit pas, répliqua Darius ; je veux vous les laisser tous trois : et sur-le-champ il les fit mourir. Une telle barbarie est d'autant plus étonnante que le caractère de Darius paroissoit plein de bonté et de douceur.

La flotte des Perses fut accueillie d'une si violente tempête lorsqu'elle s'avançoit vers les côtes de la Macédoine, que plus de trois cents vaisseaux avec plus de vingt mille hommes y périrent. En même temps l'armée de terre étant campée dans un lieu mal sûr, les Thraces tombèrent de nuit sur le camp des Perses, en firent un grand carnage, et blessèrent Mardonius lui-même. Ce général dont la puissance avoit d'abord fait trembler toute la Macédoine, fut obligé de retourner en Asie, après avoir été vaincu tant sur terre que sur mer.

Darius ayant envoyé à Sparte et à Athènes des hérauts pour demander la terre et l'eau, on jeta l'un dans un puits, et l'autre dans une fosse profonde, avec ordre de prendre de là de l'eau et de la terre. Qui doute que les Grecs n'eussent droit de refuser ce qu'on leur demandoit ? mais c'étoit violer ouvertement le droit des gens, que de traiter ainsi des officiers publics.

THÈME XLVIII.

L'ARMÉE des Perses commandée par Datis étoit composée de cent mille hommes d'infanterie, et de dix mille hommes de cavalerie ; celle des Athéniens ne montoit qu'à dix mille hommes. On y comptoit dix chefs qui devoient commander l'un après l'autre, chacun leur jour. Il y eut parmi les chefs une vive dispute pour savoir s'il falloit hasarder la bataille, ou attendre l'ennemi dans la ville. Quoique ce dernier avis l'emportât d'abord de beaucoup, et parût plus raisonnable, on ne laissa pas de suivre ensuite le premier. Aristide fit si bien que le commandement fut remis à Miltiade. Les Athéniens n'attendirent pas qu'on vînt les attaquer. On n'eut pas plus tôt donné le signal qu'ils coururent de toutes leurs forces contre l'ennemi. Le combat fut rude et opiniâtre. Les Perses ayant été mis en déroute, prirent tous la fuite, non vers leur camp, mais vers leur flotte. Les Athéniens les ayant poursuivis, mirent le feu à plusieurs de leurs vaisseaux. Ce fut alors que Cynégire, soldat Athénien, se montra si acharné contre l'ennemi,
qu'après

qu'après avoir eu les deux mains coupées à coups de hache, il s'attacha à un vaisseau avec les dents, sans qu'on pût lui faire lâcher prise.

THÈME XLIX.

Les Athéniens se rendirent maîtres de sept vaisseaux. Il périt de leur côté près de deux cents hommes, et du côté des Perses près de six mille, sans compter ceux qui tombèrent dans la mer en fuyant, ou qui furent brûlés dans les vaisseaux auxquels on avoit mis le feu.

Hippias fut tué dans le combat. Cet ingrat et perfide citoyen, pour recouvrer l'injuste domination que Pisistrate son père avoit usurpée sur les Athéniens, n'avoit pas eu honte de faire sa cour à un roi barbare, et d'implorer son secours contre ses citoyens. N'écoutant que la haine et la vengeance, il lui avoit suggéré tous les moyens qu'il avoit pu imaginer pour asservir sa patrie; et lui-même s'étoit mis à la tête des Perses pour réduire en cendres la ville qui lui avoit donné le jour, sans avoir autre chose à lui reprocher que de ne vouloir point le reconnoître pour tyran. Une mort honteuse qui devoit être suivie de l'exécration de tous les siècles, lui fit expier une si noire perfidie. Les Perses s'étoient tellement attendus de remporter la victoire, qu'ils avoient apporté du marbre à Marathon, pour y ériger un trophée.

THÈME L.

Aussitôt après la bataille, un soldat Athénien, encore tout fumant du sang des ennemis, se détacha de l'armée, et courut de toutes ses forces pour porter à ses concitoyens l'heureuse nouvelle de la victoire. Etant arrivé à la maison des magistrats, il n'eut pas plus tôt prononcé ces deux mots : *Réjouissez-vous, nous sommes vainqueurs*, qu'il tomba mort à leurs pieds.

La flotte des Perses, au lieu de regagner l'Asie, cingla vers Athènes, dans le dessein de surprendre cette ville, avant que les Athéniens y arrivassent pour la secourir. Mais ceux-ci firent tant de diligence, que malgré les fatigues d'un long et rude combat, et quoiqu'il y eût plus de quinze lieues de Marathon à Athènes, ils ne laissèrent pas d'y arriver le jour même. Aristide, à qui on avoit confié la garde du butin, ne se contenta pas de ne point y toucher, mais il empêcha même que les autres n'y touchassent.

Les Lacédémoniens firent 70 lieues en trois jours, pour porter du secours aux Athéniens ; mais ils n'arrivèrent que le lendemain du combat. Après les avoir félicités sur l'heureux succès de la bataille, ils retournèrent dans leur pays.

THÈME LI.

De tous les soldats de Xerxès, aucun ne le lui disputoit soit pour la beauté du visage, soit pour la grandeur de la taille : cela n'a pas empêché un auteur de dire qu'il manquoit un chef à l'armée innombrable de Xerxès.

Pythius ayant prié Xerxès de lui laisser, pour la consolation de sa vieillesse, l'aîné de ses cinq fils qui combattoient dans ses armées, Xerxès fut si outré d'une telle proposition, quelque raisonnable qu'elle fût, qu'il fit égorger ce fils aîné sous les yeux de son père. Quelle barbarie !

Le même Xerxès ayant fait construire à grands frais un pont de bateaux sur la mer pour faire passer ses troupes d'Asie en Europe, une tempête violente qui survint tout à coup le rompit. Xerxès ayant appris cette nouvelle fut si transporté de colère, que pour se venger d'un si cruel affront, il commanda qu'on jetât dans la mer deux paires de chaînes, comme pour la mettre aux fers, et qu'on lui donnât trois cents coups de fouet. Il fit de plus couper la tête à tous ceux qui avoient eu la conduite de l'ouvrage.

Xerxès voyant la mer chargée de ses vaisseaux, et la terre couverte de ses troupes, se regarda d'abord comme le plus fortuné des hommes : mais venant ensuite à faire réflexion que de tant de milliers d'hommes il n'en resteroit pas un seul

THÈME LIV.

Xerxès ayant demandé à Démarate s'il croyoit que les Grecs osassent lui résister, ce roi exilé lui répondit que les Lacédémoniens, fussent-ils abandonnés de tous les autres Grecs, étoient gens à venir au-devant de lui, et à ne point refuser le combat. Xerxès se mit à rire, et continua sa marche.

On étoit sur le point de faire mourir des espions grecs qu'on avoit arrêtés ; mais Xerxès ordonna qu'on les menât au travers de son armée, et qu'on les renvoyât sans leur faire aucun mal, afin d'apprendre aux Grecs ce qu'ils avoient à craindre.

Aristide répondit aux députés de Mardonius, en leur montrant de sa main le soleil : sachez que tant que cet astre continuera sa course, les Athéniens seront ennemis déclarés des Perses.

Un Athénien, nommé Lycidas, fut lapidé sur-le-champ, pour avoir été d'avis qu'on écoutât un député de Mardonius, général des Perses ; et les femmes Athéniennes courant en même temps à sa maison, lapidèrent aussi sa femme et ses enfans : on ne laissa pas de renvoyer le député sans lui faire aucun mal.

On exhortoit Pausanias à se venger de Mardonius, en faisant attacher à une potence le corps de ce général, comme lui-même avoit fait attacher celui de Léonide ; mais Pausanias n'eut garde d'y consentir, tant il étoit persuadé qu'il y a plus de plaisir à montrer de la clémence à l'égard des ennemis, surtout après leur mort, qu'à s'en venger.

THÈME LV.

Cimon, après avoir vaincu les Perses, attaqua les habitans de l'île de Thase qui s'étoient révoltés contre les Athéniens, et il défit leur flotte. Cette défaite n'empêcha pas qu'ils ne soutinssent leur révolte avec un acharnement qu'on a peine à croire. On eût dit qu'ils avoient affaire à des ennemis cruels et barbares, de la part desquels ils avoient à craindre les dernières extrémités. En conséquence ils décernèrent peine de mort contre le premier qui proposeroit de traiter avec les Athéniens. Le siége qui dura trois ans, fit souffrir à ces malheureux citoyens les plus cruels maux de la guerre, sans que rien pût vaincre leur opiniâtreté. Les femmes ne montrèrent pas moins d'acharnement que les hommes; et comme on manquoit de cordes, elles coupèrent toutes de bon cœur leurs cheveux pour les employer à cet usage. La famine qui alloit toujours en croissant, enlevoit tous les jours un grand nombre d'habitans. Hégétoride Thasien voyant avec douleur périr ses concitoyens, ne balança point à sacrifier sa vie pour le salut de la ville. Il se mit la corde au cou, et s'avançant dans l'assemblée : « Mes compatriotes, dit-il, ne m'épargnez » pas, et condamnez-moi à mourir, si vous

» le jugez à propos : mais sauvez le reste du
» peuple par ma mort, en abolissant la loi
» meurtrière que vous avez publiée contre
» votre propre intérêt. »

THÈME LVI.

Le discours d'Hégétoride fit une telle impression sur les Thasiens, qu'ils abolirent sur-le-champ la loi qu'ils avoient portée; mais ils se gardèrent bien de condamner à mort un si généreux citoyen. Ils n'hésitèrent plus à se rendre aux Athéniens qui leur laissèrent la vie sauve, et se contentèrent de démanteler leur ville.

Demarate ayant eu ordre du roi Artaxerxe de lui demander un présent, le supplia de lui permettre de faire son entrée dans la ville de Sardes, avec la tiare royale sur la tête. Le roi fut tellement choqué d'une telle demande, qu'il paroissoit ne devoir jamais lui pardonner. Mais Thémistocle ayant intercédé pour lui, le remit dans ses bonnes grâces.

On ne sait pas d'une manière certaine comment mourut Thémistocle : les uns rapportent qu'ayant reçu ordre d'Artaxerxe de combattre contre sa patrie, il but du sang d'un taureau offert en sacrifice, ou qu'il avala un poison fort prompt. Les autres disent qu'il mourut de maladie.

Artaxerxe, à en croire Strabon, avoit les mains si longues, qu'étant debout il en pouvoit toucher ses genoux. A s'en rapporter à

Plutarque, il avoit la main droite plus grande que la gauche. Vous n'ignorez pas quel surnom on lui a donné.

THÈME LVII.

Un jour qu'Artaxerxe et Mégabyse étoient à la chasse, un lion s'étant levé sur ses jambes de derrière pour se lancer sur Artaxerxe; Mégabyse, effrayé du danger dont le roi étoit menacé, et n'écoutant que son zèle pour lui, lança un dard et tua le lion. Qui croiroit qu'Artaxerxe ordonna qu'on tranchât la tête à Mégabyse, l'accusant d'avoir manqué de respect pour son prince, attendu qu'il avoit eu la hardiesse de frapper la bête le premier? Ce ne fut pas sans peine qu'Amestris sa mère, et sa sœur Amytis que Mégabyse avoit épousée, obtinrent que cette sentence barbare fût mitigée et changée en un exil perpétuel. Il fut envoyé à Cyrta, ville située sur la mer Rouge, et condamné à y demeurer jusqu'à sa mort. Mais, au bout de cinq ans, il se sauva déguisé en lépreux, et retourna à Suse. Par le moyen de sa femme et de sa belle-mère, il rentra encore en grâce et même en faveur. Il mourut quelques années après, âgé de 76 ans. Il n'est pas étonnant qu'il ait été regretté tant du roi que de toute la cour; car c'étoit le plus habile homme du royaume, aussi bien que le meilleur capitaine. Le roi lui devoit tout à la fois la couronne et la vie.

THÈME LVIII.

Sous le règne d'Archidamus, il y eut à Sparte un tremblement des plus terribles, tellement qu'en plusieurs endroits le pays fut englouti dans des abîmes; plusieurs montagnes furent ébranlées jusques dans les fondemens; plusieurs de leurs sommets détachés de leur place s'écroulèrent, et toute la ville fut bouleversée, à l'exception de cinq maisons qui restèrent seules au milieu de cette désolation épouvantable. Pour comble de malheur, les esclaves des Lacédémoniens, dans la vue de recouvrer leur liberté, accoururent de toutes parts, pour exterminer ceux que le tremblement de terre avoit épargnés. Ils montroient d'autant plus d'audace qu'ils se sentoient soutenus par les Messéniens qui étoient alors en guerre avec les Spartiates. Dans cette extrémité, les Lacédémoniens envoyèrent demander du secours aux Athéniens. Malgré l'opposition d'Ephialte, Cimon persuada à ses citoyens d'envoyer du secours aux Spartiates, pour ne pas laisser la Grèce boiteuse.

Cimon ne cessoit d'exalter la ville de Lacédémone; et lorsqu'il blâmoit les Athéniens, il avoit coutume de dire : ce n'est pas là ce que font les Spartiates. C'est ce qui lui attira l'envie et la haine de ses citoyens.

THÈME LIX.

Alcibiade encore jeune, et Socrate son maître, se distinguèrent d'une manière particulière dans le combat qui se livra entre les Athéniens et les Corinthiens. C'est une chose vraiment curieuse de voir un philosophe endosser la cuirasse, et d'examiner comment il se tire d'un combat. Il n'y avoit personne dans toute l'armée qui soutînt les travaux de la guerre avec autant de courage que Socrate. Quant à la faim, la soif, le froid, il s'étoit depuis long-temps accoutumé à les mépriser, et il n'avoit aucune peine à les vaincre. La Thrace, où se passoit l'expédition, est un pays de glace et de frimats. Pendant que les autres soldats, revêtus de leurs habits et de peaux très-chaudes, se tenoient dans leurs tentes, bien clos et couverts sans oser paroître à l'air, il sortoit sans être plus vêtu qu'à l'ordinaire, et marchoit pieds nuds. C'étoit lui qui faisoit la joie de la table par sa gaîté et ses bons mots, et qui invitoit les autres à boire par son exemple, mais sans prendre jamais du vin avec excès. Quand on en vint à l'action, ce fut là qu'il fit merveilleusement son devoir. Alcibiade ayant été blessé et porté par terre, Socrate, sans rien craindre pour lui-même, se mit au-devant de lui, le défendit courageusement, et à la vue de toute l'armée, il empêcha les ennemis de se rendre maîtres de sa personne et de ses armes.

THÈME LX.

Quoique Milon, à la tête d'une armée, ait remporté une victoire éclatante, il ne laisse pas d'être plus célèbre comme athlète que comme guerrier. Il étoit si redouté que, s'étant présenté pour la septième fois, après avoir été six fois vainqueur dans les jeux olympiques, il ne trouva point d'antagoniste. Il se tenoit, dit-on, si ferme sur un disque qu'on avoit huilé pour le rendre plus glissant, qu'il étoit impossible de l'y ébranler. Il ceignoit sa tête d'une corde comme d'un diadème ; après quoi, retenant fortement son haleine, les veines de sa tête s'enfloient au point de rompre la corde. Un jour qu'il écoutoit les leçons de Pythagore, dont il étoit un des disciples les plus assidus, la colonne qui soutenoit le plafond de la salle, ayant été tout d'un coup ébranlée par je ne sais quel accident, il la soutint lui seul, jusqu'à ce que tous les auditeurs eussent pu se retirer ; et après avoir mis les autres en sûreté, il se sauva lui-même. Telle étoit la voracité de Milon, que vingt livres de viande et autant de livres de pain étoient à peine capables de le rassasier.

THÈME LXI.

Un auteur n'a pas craint de dire que Milon, un jour ayant parcouru toute la longueur du stade, portant sur ses épaules un taureau de quatre ans, il l'assomma d'un coup de poing, et le mangea tout entier dans la journée. Il faut convenir que si la chose est vraie, elle est difficile à croire.

On dit que Milon, dans son extrême vieillesse, voyant les autres athlètes s'exercer à la lutte, et considérant ses bras, autrefois si robustes, mais alors extrêmement affoiblis par l'âge, ne put s'empêcher de dire en pleurant : « Ah ! maintenant ces » bras sont morts. » Cependant quelque fût son affoiblissement, ayant trouvé un vieux chêne entr'ouvert par des coins qu'on y avoit enfoncés de force, il se crut encore assez fort pour achever de le fendre avec les mains. Mais les coins ayant été dégagés par l'effort qu'il fit, ses mains se trouvèrent prises et serrées par les deux parties de l'arbre qui se rejoignirent, de manière que ne pouvant se débarrasser, il fut dévoré par les loups.

THÈME LXII.

PÉRICLÈS avoit coutume de dire que, s'il ne tenoit qu'à lui, ses soldats seroient immortels ; que les arbres coupés et abattus revenoient en peu de temps, mais que les hommes morts étoient perdus pour toujours.

Périclès voyant son pilote effrayé et incertain de ce qu'il devoit faire, parce que le soleil vint à s'éclipser, et que la terre étoit couverte de ténèbres, lui jeta son manteau sur le visage, et lui demanda s'il voyoit. Le pilote lui ayant répondu que le manteau l'en empêchoit, Périclès lui fit comprendre qu'une pareille cause, c'est-à-dire la lune interposée entre ses yeux et le soleil l'empêchoit d'en voir la clarté.

Périclès perdit en même temps Xantippe, l'aîné de ses fils, sa sœur, plusieurs autres parens et plusieurs de ses amis qui moururent de la peste. Il eut assez de fermeté pour supporter ces malheurs sans en être ébranlé. Mais Paralus, le dernier de ses enfans, ayant été aussi emporté par la peste, quand il voulut mettre la couronne de fleurs sur sa tête, n'étant plus maître de sa douleur, il ne put s'empêcher de pousser des sanglots et de verser un torrent de larmes.

THÈME LXIII.

Artaxerxe, après avoir régné environ quarante ans, mourut l'an 425 avant J. C. Son épouse mourut le même jour que lui. Xerxès succéda à son père, étant le seul fils qu'il eût eu de la reine son épouse. Sogdien, né d'une autre mère, ayant attaqué le nouveau roi qui, après s'être enivré un jour de fête, s'étoit retiré dans sa chambre pour y cuver son vin, n'eut pas beaucoup de peine à le tuer après un règne de 45 jours, et il fut déclaré roi à sa place. Il fit aussi lapider Bagoraze, le plus fidèle des eunuques de son père. Sogdien, après ces deux meurtres, fut abhorré tant de l'armée que de la noblesse. Il ne laissa pas de mander Ochus un de ses frères, dans le dessein de le tuer, lorsqu'il seroit arrivé. Ochus, gouverneur de l'Hyrcanie, n'eut garde d'obéir. Il ne vint qu'après avoir levé une bonne armée, déclarant ouvertement qu'il vouloit venger la mort de son frère Xerxès. La plupart des nobles, et plusieurs gouverneurs de provinces, détestant la cruauté de Sogdien, se déclarèrent pour Ochus. On lui mit sur la tête la tiare, marque de la royauté, et on le proclama roi.

THÈME LXIV.

Sogdien se voyant ainsi abandonné, fit voir autant de lâcheté à défendre sa couronne, qu'il avoit montré de cruauté à l'usurper. Sans écouter l'avis de ses meilleurs amis, il entra en traité avec son frère, qui, s'étant rendu maître de sa personne, le fit jeter dans la cendre où il mourut d'une mort cruelle. C'étoit un supplice particulier à la Perse, auquel on ne condamnoit que les grands criminels. On remplissoit de cendre, jusqu'à une certaine hauteur, une tour des plus hautes. Du haut de cette tour, on jetoit le criminel dans la cendre, la tête la première. Ensuite avec une roue on remuoit sans cesse cette cendre autour de lui, jusqu'à ce qu'enfin elle l'étouffât. Ce fut ainsi que ce prince scélérat perdit la vie avec l'empire dont il ne jouit que six mois et quinze jours.

Arsite voyant comment Sogdien avoit supplanté Xerxès, et comment il avoit été lui-même détrôné par Ochus, voulut en faire autant à ce dernier. Il se révolta donc ouvertement. Mais il s'en fallut beaucoup que le succès répondît à son attente. Car ayant été forcé de se rendre, il fut condamné à être jeté dans la cendre.

THÈME LXV.

Les Lacédémoniens craignant que les ilotes, c'est-à-dire les esclaves, ne se révoltassent, n'eurent pas honte d'employer la plus noire perfidie pour s'en défaire. On engagea par un édit public ceux des ilotes qui avoient mieux servi l'Etat dans les dernières campagnes, à venir inscrire leurs noms dans le registre public, pour être délivrés de la servitude. Il y en eut deux mille qui, sans soupçonner aucun artifice, ne firent aucune difficulté de se présenter. On les promena par les temples avec des chapeaux de fleurs, comme si on eût eu le dessein de leur accorder la liberté; après cette cérémonie ils disparurent, sans qu'on ait jamais su depuis ce qu'ils étoient devenus.

Les Thébains et les Athéniens combattant les uns contre les autres, il ne tint pas à Socrate que les derniers ne remportassent la victoire. On assure que si chacun eût fait son devoir comme lui, les Athéniens n'auroient pas été mis en déroute. Socrate fut entraîné dans la fuite avec les autres : il étoit à pied. Alcibiade l'ayant aperçu de dessus son cheval, s'approcha de lui, et n'eut garde de le quitter. Il le défendit avec courage contre les ennemis qui le poursuivoient.

THÈME LXVI.

On voyoit Alcibiade tantôt sérieux et austère, tantôt enjoué et fort affable ; un jour ami de la vertu et des gens vertueux, un autre jour livré au vice et aux méchans, tellement qu'on eût cru, pour ainsi parler, qu'il y avoit en lui plusieurs hommes. On ne parloit dans Athènes que de ses désordres, et il désiroit ardemment faire cesser ces bruits, sans pourtant changer de vie. Il avoit un chien d'une taille prodigieuse et d'une beauté extraordinaire, qu'il avoit acheté trois mille cinq cents livres. On voit que le goût pour les chiens est de vieille date. Il lui fit couper la queue qui étoit son plus bel ornement. Ses amis lui en firent de grands reproches, et lui dirent que toute la ville murmuroit contre lui, et le blâmoit extrêmement d'avoir gâté un si beau chien. « Voilà ce que je demande, répondit Alci- » biade qui ne put s'empêcher de rire ; je » suis bien aise que les Athéniens s'entre- » tiennent de mon chien ; et s'ils n'en par- » loient, je craindrois qu'ils ne dissent pis » de moi. »

Quelqu'infatués que fussent les Athéniens

des discours d'Alcibiade, Socrate et Méthon l'astronome s'attendoient que son expédition contre la Sicile n'auroit pas un bon succès. On dit que le dernier contrefit le fou, et demanda que, vu son malheur, on lui laissât son fils, et qu'on le dispensât de porter les armes.

THÈME LXVII.

Alcibiade ayant été rappelé à Athènes, monta sur-le-champ dans sa galère; mais après avoir débarqué, il disparut, sans qu'il fût possible à ceux qui le poursuivoient de découvrir où il étoit. Comme on lui demandoit s'il ne se fioit pas à sa patrie sur le jugement qu'elle devoit prononcer à son sujet : « je ne me fierois pas à ma mère même, » répondit-il, tellement je craindrois que, » sans le vouloir, elle ne prît une fève noire » pour une blanche. »

Alcibiade quoiqu'absent ne laissa pas d'être condamné à mort; et tous ses biens furent confisqués. Les prêtresses ayant reçu ordre de le maudire, une d'entr'elles eut assez de courage pour répondre qu'elle étoit prêtresse pour bénir et non pour maudire. Quelque temps après, comme on annonçoit à Alcibiade que les Athéniens l'avoient condamné à mort, « je leur ferai bien voir, » dit-il, que je suis encore en vie. » Comme il n'espéroit plus être rappelé dans sa patrie, il eut recours aux Spartiates, et promit que s'ils le recevoient comme ami, il leur rendroit plus de services qu'il ne leur avoit causé de maux pendant qu'il avoit été leur ennemi. Les Spartiates le reçurent à bras ouverts. A peine fut-il arrivé à Sparte, qu'il se fit aimer et estimer de tous les habitans. Il n'eut aucune peine à se conformer en tout à leur manière de vivre; ceux qui le voyoient se raser jusqu'à la peau, se baigner dans l'eau froide, s'accommoder à merveille de la sauce noire des Lacédémoniens, avoient de la peine à se persuader qu'il eût jamais eu besoin de cuisiniers et de parfumeurs.

THÈME LXVIII.

Lorsque l'armée des Athéniens apprit qu'Athènes étoit asservie à 400 tyrans qui maltraitoient les habitans, tuant les uns, bannissant les autres, et confisquant impunément leurs biens, elle crut n'avoir rien de mieux à faire que de rappeler Alcibiade et de le nommer généralissime.

Alcibiade arriva avec 18 vaisseaux dans le temps que les Athéniens et les Lacédémoniens combattoient les uns contre les autres, et que chacune des deux flottes étoit battue d'un côté et avoit l'avantage de l'autre. Son arrivée redoubla d'abord le courage des derniers qui le croyoient toujours ami, au lieu qu'elle abattit celui des premiers. Mais Alcibiade arborant les enseignes athéniennes, se mit à fondre sur les Lacédémoniens qui, étant les plus forts, poursuivoient vivement l'ennemi. Il les mit en fuite, et les poussa contre la terre, brisa leurs vaisseaux, et fit un grand carnage des soldats qui s'étoient jetés dans l'eau pour se sauver à la nage. Enfin les Athéniens s'étant rendus maîtres de trente vaisseaux, et ayant repris ceux qu'ils avoient perdus, érigèrent un trophée.

Tissapherne se voyant accusé par les Lacédémoniens, et craignant que le roi ne le punît pour n'avoir pas exécuté ses ordres, fit arrêter contre le droit des gens Alcibiade qui, après la victoire remportée sur les Lacédémoniens, étoit venu lui faire de grands présens, tant en son nom qu'en celui des Athéniens.

THÈME LXIX.

Alcibiade fut envoyé prisonnier à Sardes. Mais au bout de trente jours, s'étant procuré un cheval, il s'enfuit, sans que ses gardes s'en aperçussent, et il se rendit à la flotte des Athéniens. Il résolut alors d'attaquer les ennemis par terre et par mer. Il cacha si bien son entreprise, que bien loin que les ennemis se doutassent qu'il approchoit, les Athéniens eux-mêmes, qu'il avoit fait embarquer avec précipitation, ne sentirent pas qu'on avoit levé l'ancre, et qu'ils étoient partis. De 86 vaisseaux dont la flotte étoit composée, il n'en fit avancer que quarante avec lui, après avoir ordonné aux capitaines des autres vaisseaux de ne le suivre que de loin. Les ennemis trompés par ce stratagème, ne balancèrent pas à engager le combat. Mais dès qu'ils virent approcher les autres vaisseaux, ils perdirent courage tout d'un coup, et prirent la fuite. Alors Alcibiade, suivi seulement de vingt des meilleurs vaisseaux, s'approche du rivage, et ayant mis pied à terre, il poursuit vivement les fuyards, et en tue un fort grand nombre. C'est en vain que Mindare et Pharnabaze s'opposent à ses efforts: il tue le premier qui combattoit avec une valeur surprenante, et met l'autre en fuite. Autant cette victoire répandit la joie dans Athènes, autant elle causa de tristesse aux Lacédémoniens.

THÈME LXX.

Quelque répugnance qu'eût Callicratidas à recourir aux Perses, cependant forcé par la nécessité, il alla en Lydie, se rendit au palais de Cyrus, et pria qu'on dît à ce prince que l'amiral de la flotte des Grecs étoit venu pour lui parler. On lui dit que Cyrus étoit à table. Il répondit d'un ton fort modeste qu'il n'étoit point pressé, et qu'il attendroit que le prince fût sorti de table. Les gardes se mirent à rire, admirant la simplicité de cet étranger, et il fut obligé de se retirer. Etant revenu une seconde fois, il fut refusé de même. Pour lors il s'en retourna à Ephèse, chargeant d'imprécations et de malédictions ceux qui les premiers avoient fait la cour aux barbares, et qui par leurs douces flatteries leur avoient appris à s'arroger le droit d'insulter au reste des hommes. Ce fut alors qu'il jura que dès qu'il seroit de retour à Sparte, il mettroit tout en œuvre pour réconcilier les Grecs entr'eux, afin qu'ils se rendissent eux-mêmes redoutables aux Perses. Mais ce généreux Spartiate n'eut pas le bonheur de retourner dans sa patrie pour exécuter un si noble projet; car peu de temps après, en étant venu aux mains sur mer avec les Athéniens qui avoient Conon à leur tête, son vaisseau accroché avec un crampon de fer, fut bientôt rempli d'ennemis; et après un horrible carnage, cet intrépide général tomba mort, plutôt accablé par le nombre que vaincu.

THÈME LXXI.

Je suis fâché que Gylippe, général des Lacédémoniens, ait terni par une sordide avarice la gloire de ses belles actions. L'histoire rapporte que ce général, après avoir délivré Syracuse, et remporté plusieurs victoires, décousit des sacs remplis d'argent qu'il étoit chargé de transporter à Sparte, et qu'après avoir volé une partie de cet argent, il recousit les sacs fort habilement; il ne laissa pas d'être convaincu de vol; et craignant d'être conduit au supplice, il s'exila lui-même de Lacédemone.

Artaxerxe que les Grecs, à cause de sa mémoire prodigieuse, ont surnommé Memnon, demanda à son père qui étoit sur le point d'expirer, quelle règle il s'étoit prescrite pendant un règne si long et si heureux, afin de pouvoir l'imiter : « Je me suis appliqué, » lui répondit-il, à faire toujours ce que » demandoient de moi la justice et l'honneur. »

Les rois de Perse, avant d'être sacrés, quittoient leur robe, et se revêtoient de celle qu'avoit portée l'ancien Cyrus, avant d'être roi, afin qu'ils apprissent qu'ils devoient aussi être revêtus de ses rares vertus. Ensuite, après avoir mangé une figue sèche, ils mâchoient des feuilles de térébinthe, et avaloient un breuvage composé de vinaigre et de lait ; sans doute pour leur faire entendre que les douceurs de la royauté sont mêlées de beaucoup d'amertumes, et que si le trône est environné de plaisirs et d'honneurs, il ne l'est pas moins de peines et d'inquiétudes.

THÈME LXXII.

Le jeune Cyrus dévoré d'ambition, et qui s'étoit attendu à succéder à son père, avoit résolu d'égorger son frère Artaxerxe dans le temple même, en présence de toute la cour, dans le moment qu'il quitteroit sa robe pour prendre celle de l'ancien Cyrus. Mais ce noir projet ayant été découvert, il fut arrêté et condamné à mort. Parysatis étant accourue toute hors d'elle-même, prit entre ses bras Cyrus qui étoit son idole, le lia avec les tresses de ses cheveux, attacha son cou au sien, et à force de crier, de prier et de verser des larmes, elle obtint sa grâce, de sorte qu'il fut renvoyé dans les provinces maritimes dont il avoit le gouvernement.

Parysatis et Statira, l'une mère, et l'autre épouse d'Ataxerxe, roi des Perses, sembloient se disputer à qui se montreroit la plus cruelle. La première, après avoir fait scier en deux Roxane, sœur de Statira, fit mourir tous ses parens; et ce ne fut qu'à regret qu'elle épargna d'abord Statira, épouse de son fils. Statira, ayant fait arracher la langue à Udiaste qui avoit tué son frère, le fit mourir dans les plus cruels tourmens. Il faut avouer cependant que quelque cruelle que fût Statira, Parysatis fut encore plus perfide et plus barbare.

Les Lacédémoniens conjurèrent Pharnabaze de les délivrer, à quelque prix que ce fût, d'Alcibiade qu'ils redoutoient autant qu'homme du monde. Ceux qu'envoya le satrape pour tuer Alcibiade, n'ayant pas eu le courage d'entrer dans la maison où il étoit, y mirent le feu. Alcibiade étant sorti à travers les flammes l'épée à la main, les barbares n'eurent garde de se jeter sur lui, mais tout en fuyant et en reculant, ils l'accablèrent de dards et de flèches, de sorte qu'il tomba mort sur la place.

THÈME

THÈME LXXIII.

Cyrus étoit sur son char lorsque tout à coup, sur les neuf heures du matin, un cavalier accourut à toute bride, criant partout où il passoit, que l'ennemi approchoit prêt à combattre. Alors Cyrus sautant en bas de son char, s'arme en diligence, et monte à cheval, ses javelots à la main, ordonnant à chacun de reprendre ses armes et son rang; ce qui fut aussitôt exécuté avec tant de promptitude, que les troupes n'eurent pas le temps de prendre leur repas. Cléarque, général des troupes grecques, conseilla à Cyrus de mettre sa personne en sûreté derrière les bataillons des Grecs : « Que me » dis-tu là ? répliqua Cyrus : quoi ! dans le » temps même que je veux devenir roi, » irai-je me montrer indigne de l'être ? » Sur-le-champ il marche droit à Artaxerxe, avec ses six cents chevaux, tue de sa main Artagerse, commandant des six mille chevaux qui environnoient le roi, et les met tous en fuite. Dès qu'il vient à découvrir son frère, il s'écrie, les yeux étincelans de feu : « Je le vois, » et pique vers lui, accompagné seulement de ses principaux officiers ; car ses troupes s'étoient débandées pour poursuivre les fuyards. Alors le combat devint comme singulier entre Artaxerxe et Cyrus, acharnés l'un contre l'autre

THÈME LXXIV.

Artaxerxe et Cyrus disputoient à qui des deux enfonceroit le fer, dans le sein de son rival, et s'assureroit du trône par sa mort. Cyrus ayant écarté ceux qui étoient en bataille devant Artaxerxe, le joint, tue son cheval, et le fait tomber lui-même par terre. Artaxerxe s'étant relevé, et étant monté sur un autre cheval, Cyrus fond encor sur lui, le blesse du second coup, et se prépare à lui en porter un troisième, qu'il espère devoir être le dernier. Artaxerxe, comme un lion qui, se sentant blessé par les chasseurs, n'en devient que plus furieux, s'élance avec impétuosité, pousse son cheval contre Cyrus, et le frappe de sa javeline, dans le même temps que tous les autres tiroient aussi sur lui. Cyrus tombe mort. Les uns disent qu'il fut tué par son frère, d'autres par un soldat Carien. Mithridate, jeune homme persan, se vantoit de lui avoir porté le coup mortel, en lui enfonçant sa javeline près de l'œil, dans la tempe, avec tant de roideur, qu'il lui perça la tête de part en part. Les plus grands de sa cour, ne voulant pas survivre à leur maître, se firent tous tuer auprès de son corps; ce qui prouve, comme l'observe Xénophon, combien il en étoit aimé. Artaxerxe lui fit couper la tête et la main droite. Telle fut la fin du jeune Cyrus.

THÈME LXXV.

Que d'obstacles les Grecs n'eurent-ils pas à surmonter, lorsqu'après la défaite et la mort de Cyrus, ils retournèrent de la Perse dans leur patrie ? N'ayant pu passer le Tigre, à cause de sa profondeur, ils furent contraints de traverser de hautes montagnes. Mais à peine en furent-ils descendus au bout de sept jours, qu'ils rencontrèrent une rivière qui avoit deux cents pieds de largeur. Ils se trouvèrent dans une situation d'autant plus déplorable, qu'ils avoient à se défendre des ennemis qui les poursuivoient, et des soldats du pays qui bordoient l'autre côté de la rivière. Ils la traversèrent cependant sans beaucoup de perte. Ils passèrent ensuite le Tigre à sa source. Ayant appris par un prisonnier que Tiribaze, Satrape fort aimé du roi, devoit les attaquer dans un défilé par où il falloit nécessairement passer, ils s'en emparèrent les premiers, après avoir mis l'ennemi en fuite. Après avoir marché quelques jours à travers des déserts, ils passèrent l'Euphrate à sa source, ayant à peine de l'eau jusqu'à la ceinture. Ils eurent ensuite beaucoup à souffrir d'un vent de bise qui, leur soufflant au visage, les empêchoit de respirer. Ils marchoient dans la neige, haute de cinq à six pieds ; ce qui fit mourir plusieurs valets et plusieurs bêtes de somme, avec trente soldats. On fit du feu toute la nuit ; car on trouvoit quantité de bois.

D 2

THÈME LXXVI.

Le lendemain on marcha encore tout le jour à travers la neige, de sorte que plusieurs, accablés d'une grande faim suivie de langueur et de défaillance, demeuroient couchés dans les chemins. Quand on leur eut donné à manger, ils reçurent du soulagement, et continuèrent leur marche. Ils étoient toujours poursuivis par l'ennemi. Plusieurs surpris demeuroient dans les chemins sans feu et sans vivres, de sorte qu'il en mourut quelques-uns. Plusieurs perdirent la vue à cause de la neige, les autres les doigts des pieds. Enfin, étant arrivés dans un lieu plus commode, ils se répandirent dans les villages voisins où ils trouvèrent de quoi réparer leurs forces. L'armée, après avoir reposé sept jours dans ces villages, se remit en chemin. Elle eut encore plusieurs montagnes à traverser, et à lutter contre les habitans qui s'armèrent pour l'empêcher de passer. Mais elle les mit en fuite, et après plusieurs jours de marche, on arriva sur une haute montagne, d'où l'on apercevoit la mer. Alors tous les soldats se mirent à crier mer, mer, et ils ne pouvoient s'empêcher de pleurer, en embrassant leurs colonels et leurs capitaines. De-là ils s'avancèrent vers les montagnes de la Colchide, et après avoir franchi la plus haute, malgré ceux du pays qui s'en étoient emparés, ils vinrent camper dans les villages, où ils trouvèrent des vivres en abondance.

THÈME LXXVII.

Comme il y avoit plusieurs ruches d'abeilles, les soldats s'étant mis à manger du miel, il leur prit un dévoiement par haut et par bas, suivi de rêves ; ce qui causa une grande consternation. Les uns moins malades ressembloient à des hommes enivrés, et les autres à des personnes furieuses ou moribondes. On voyoit la terre jonchée de corps comme après une défaite. Personne néanmoins n'en mourut, et le mal cessa le lendemain, environ à la même heure qu'il avoit commencé. Sur le point d'arriver en Grèce, on fit la revue de l'armée qui se trouvoit monter à huit mille six cents hommes, de sorte qu'il étoit mort environ mille quatre cents hommes, tant de fatigue ou de maladie, que de leurs blessures.

Cette retraite des dix mille Grecs a toujours été admirée de tout le monde ; tellement que, long-temps après, Antoine, poursuivi par les Parthes à peu près dans le même pays, et se trouvant dans un pareil danger, s'écria plein d'admiration pour un courage si invincible : « O retraite des dix » mille ! »

Cléarque et les quatre autres colonels Grecs qui avoient combattu pour le jeune Cyrus, avoient été arrêtés par trahison et conduits au roi Artaxerxe qui leur fit trancher la tête.

THÈME LXXVIII.

Artaxerxe qui croyoit avoir tué Cyrus de sa main, vantoit cette action, comme la plus glorieuse de sa vie. Aussi un soldat Carien ayant eu la hardiesse de déclarer que nul autre que lui n'avoit tué Cyrus, le roi conçut contre ce soldat une jalousie aussi basse que cruelle. Il n'eut pas honte de le livrer à Parysatis sa mère, qui avoit juré de faire périr tous ceux qui avoient eu part à la mort de son fils. N'écoutant qu'une barbare vengeance, elle ordonna qu'on fît souffrir à ce malheureux les plus vives douleurs pendant dix jours, et qu'après lui avoir arraché les yeux, on lui versât dans les oreilles de l'airain fondu, jusqu'à ce qu'il expirât dans ce cruel supplice : ce qui fut exécuté.

Mithridate s'étant aussi vanté dans un repas, où il avoit la tête échauffée par le vin, que c'étoit lui qui avoit porté le coup mortel à Cyrus, fut condamné au supplice des auges ; et après avoir langui dans les tourmens pendant dix-sept jours, il mourut enfin avec beaucoup de peine.

Parysatis, pour assouvir pleinement sa vengeance, usa d'adresse pour se faire livrer l'eunuque Mésabate, qui, par l'ordre du roi, avoit coupé la tête et la main de Cyrus. Elle ne l'eut pas plus tôt entre les mains, qu'elle le livra aux exécuteurs pour être écorché tout vif.

THÈME LXXIX.

Parysatis, après la mort du jeune Cyrus son fils, haïssoit plus que jamais la reine Statira, épouse d'Artaxerxe. Elle ne doutoit pas que, quelque respect que le roi eût pour elle, comme étant sa mère, Statira n'en fût plus aimée comme étant son épouse, et que par conséquent celle-ci n'eût beaucoup plus de crédit. N'écoutant donc que sa jalousie, elle résolut de se défaire, à quelque prix que ce fût, d'une rivale si redoutable. Pour parvenir plus sûrement à son but, elle feignit de se réconcilier avec sa belle-fille; et quelque haine qu'elle eût pour elle au fond de son cœur, elle lui donna à l'extérieur les marques les moins équivoques d'une sincère amitié. Les deux reines paroissant donc avoir oublié leurs anciennes querelles, vivoient bien ensemble, se rendoient visite comme auparavant, et mangeoient l'une chez l'autre. Mais sachant toutes deux combien peu il faut se fier aux caresses de la cour, surtout parmi les femmes, elles se tenoient l'une et l'autre sur leurs gardes, tellement qu'elles ne mangeoient que des mêmes viandes et des mêmes morceaux. Qui se seroit attendu que malgré une vigilance si attentive de la part des deux reines, l'une eût pu tromper l'autre? c'est pourtant ce qui arriva.

THÈME LXXX.

Parysatis, un jour qu'elle donnoit à manger à sa belle-fille, fit apporter sur la table un oiseau fort rare; et l'ayant partagé par le milieu, elle en donna la moitié à Statira, et mangea l'autre. Statira ne tarda pas à sentir de vives douleurs, et étant sortie de table, elle mourut dans des convulsions horribles. Le roi sachant que Parysatis étoit aussi barbare et aussi vindicative que femme du monde, fit une recherche exacte du crime. Tous les dometiques de sa mère furent arrêtés pour être appliqués à la question. Gigis, femme de chambre de Parysatis, et la confidente de tous ses secrets, avoua tout. On avoit frotté de poison un côté du couteau. Ainsi Parysatis ayant coupé l'oiseau en deux parties, mit promptement le côté sain dans sa bouche, et donna à Statira le côté empoisoné. Gigis fut condamné au supplice des empoisonneurs en usage chez les Perses. Après lui avoir fait mettre la tête sur une grande pierre fort large, on frappa dessus avec une autre pierre jusqu'à ce qu'elle fût toute écrasée, et qu'il n'en restât pas la moindre figure.

Pour Parysatis, le roi se contenta de l'envoyer à Babylone, selon qu'elle l'avoit demandé, et lui assura que tant qu'elle y seroit, il n'y mettroit jamais le pied.

THÈME LXXXI.

Artaxerxe, roi des Perses, marcha en personne contre les Cadusiens, avec une armée de trois cents mille hommes d'infanterie et de dix mille chevaux. A peine fut-il un peu avancé dans le pays des Cadusiens, que son armée souffrit une affreuse disette. Les troupes ne trouvoient rien pour subsister; et il étoit impossible de faire venir des vivres d'ailleurs, tant les chemins étoient difficiles et impraticables. Les soldats ne vivoient donc que des bêtes de somme que l'on tuoit; et elles devinrent bientôt si rares, que la tête d'un âne valoit soixante dragmes. Il ne restoit que peu de chevaux, tous les autres ayant été consommés. Dans cette expédition, le roi se fit admirer de toute son armée. Ni l'or dont il étoit couvert, ni sa robe de pourpre, ni les pierreries qui brilloient sur ses habits et qu'on estimoit douze mille talens, ne l'empêchoient pas de se livrer à la fatigue, comme le moindre soldat. On le voyoit, le carquois sur l'épaule, et le bras chargé de son bouclier, laisser son cheval, et marcher le premier dans ces chemins raboteux et difficiles. Les soldats admirant sa patience et son courage, et animés par son exemple, devenoient si légers qu'on eût dit qu'ils avoient des ailes. Il faisoit chaque jour deux cents stades, c'est-à-dire plus de sept lieues.

D 5

THÈME LXXXII.

Enfin on arriva à une des maisons royales où il y avoit des jardins très-bien entretenus, et un parc d'une grande étendue, et d'autant plus-merveilleux que la campagne des environs étoit nue et sans aucun arbre. Comme on étoit au cœur de l'hiver, et qu'il faisoit un froid excessif, le roi permit à ses soldats de couper du bois dans son parc, sans épargner les plus beaux arbres, ni les pins, ni les cyprès. Mais les soldats hésitant à abattre des arbres dont ils admiroient la beauté et la grandeur, le roi prit lui-même la coignée, et se mit à couper l'arbre qui lui parut le plus beau et le plus grand : ce fut alors que les soldats ne ménagèrent plus rien; et après avoir coupé tout le bois qui leur étoit nécessaire, ils allumèrent tant de feux, qu'ils passèrent la nuit sans souffrir aucune incommodité. Qui n'admireroit cette bonté d'Artaxerxe envers ses soldats, surtout si l'on considère combien les grands tiennent à leurs jardins et à leurs maisons de plaisance? Cependant, qui le croiroit? ce prince, s'imaginant qu'on le méprisoit à cause du mauvais succès de son expédition, devint de si mauvaise humeur contre les grands de sa cour, qu'il en fit mourir plusieurs dans des emportemens de colère, et un plus grand nombre par défiance et par crainte qu'ils n'entreprissent quelque chose contre sa personne.

THÈME LXXXIII.

N'est-il pas étonnant que tant de grands hommes, tant d'illustres généraux, tant de savans philosophes, aient ajouté foi aux rêveries absurdes des aruspices, au lieu de les mépriser comme tout-à-fait ridicules?

Plutarque, qui le croiroit? Plutarque, si estimable d'ailleurs, avoue que pour quelque songe qu'il avoit eu, il s'abstint long-temps de manger des œufs. Quel étoit ce songe? Nous n'en savons rien, vu qu'il n'a pas jugé à propos de nous l'apprendre.

Annibal conseilloit à Prusias de donner la bataille; mais ce prince, après avoir considéré les entrailles d'une victime, balançoit sans savoir à quoi se déterminer. « Je suis bien » étonné, lui dit alors Annibal qui ne pou- » voit s'empêcher d'admirer sa simplicité, » que vous en croyiez plutôt le foie d'une » bête qu'un vieux capitaine. »

Alexandre étoit allé à Delphes pour consulter le dieu; la prêtresse faisoit difficulté d'entrer dans le temple, prétendant que ce jour-là il n'étoit pas permis d'interroger le dieu qui rendoit les oracles. Alexandre, sans se mettre en peine que ce fût un jour heureux ou malheureux, prit la prêtresse par le bras pour l'y mener de force. « Ah! mon fils, » s'écria-t-elle alors, on ne peut te résister; » ou bien, ah! mon fils, tu es invincible. »

Alexandre fort content des paroles qu'il venoit d'entendre, dit qu'il ne vouloit point d'autre oracle.

THÈME LXXXIV.

Marcellus, après avoir été cinq fois consul, fut nommé augure. Savez-vous quel moyen il employoit pour n'être pas arrêté par le vol sinistre des oiseaux? Il nous apprend lui-même qu'il tenoit sa litière bien close et bien fermée.

Lorsque Crésus, sur le point d'attaquer les Mèdes, consulta l'oracle de Delphes pour savoir quel seroit le succès de cette guerre, on lui répondit qu'il ruineroit un grand empire. On lui laissa à deviner quel empire, ou le sien, ou celui des ennemis, devoit être renversé. C'est ainsi que les démons qui ne peuvent connoître par eux-mêmes l'avenir, employoient des termes ambigus, tant pour cacher leur ignorance que pour se jouer de la crédulité des païens.

Tertullien ne craignoit pas de parler ainsi aux païens : « Nous consentons que vous fas-
» siez mourir un Chrétien, s'il ne force les
» donneurs d'oracles d'avouer qu'ils ne sont
» que des démons. »

Julien l'apostat étant venu consulter Apollon, ce dieu, malgré les sacrifices que lui offrit l'empereur, demeura muet; et comme on lui demandoit pourquoi il gardoit le silence, il recouvra la parole pour répondre que certains morts enterrés dans le voisinage l'empêchoient de se faire entendre. Ces morts étoient des martyrs chrétiens, du nombre desquels étoit S. Babylas.

THÈME LXXXV.

Polydamas, l'un des plus fameux athlètes de la Grèce, seul et sans armes, tua sur le mont Olympe un lion des plus furieux. Une autre fois ayant saisi un taureau par l'un des pieds de derrière, cet animal ne put échapper qu'en laissant la corne de son pied dans la main de cet athlète. Retenoit-il un char par derrière, le cocher avoit beau fouetter ses chevaux pour les faire avancer. Darius-Nothus, roi de Perse, curieux de voir un homme d'une force si prodigieuse, le fit venir à Suse. On lui mit en tête trois soldats qui passoient pour les plus aguerris. Polydamas ne balança pas à se battre contre eux trois, et les tua l'un après l'autre.

Il y a eu, tant chez les Grecs que chez les Romains, des coureurs qui se sont rendus célèbres par leur vitesse. Phidippide, dans l'espace de deux jours, se rendoit d'Athènes à Lacédémone, ou de Lacédémone à Athènes, quoique ces deux villes fussent à cinquante-sept lieues l'une de l'autre. C'est ce qu'on regardoit comme quelque chose de merveilleux, dit Pline, jusqu'à ce qu'on vît le Lacédémonien Anystis, et Philonide, coureur d'Alexandre-le-Grand, aller en un jour de Sycione à Elis, malgré la distance de 60 lieues qu'il y avoit entre ces deux villes. On dit que sous le règne de Néron, un enfant de neuf ans fit 30 lieues, en courant depuis midi jusqu'au soir.

THÈME LXXXVI.

Qui ne détesteroit la barbarie des Romains qui, dans le temps qu'on persécutoit les Chrétiens, se plaisoient à faire déchirer par les bêtes féroces, des vieillards, des enfans, des femmes, de tendres vierges dont l'âge et la foiblesse excitent ordinairement la compassion dans les cœurs les plus durs ?

Les Romains se plaisoient à assister au combat des gladiateurs, et à celui des hommes contre les ours et les lions, à entendre les cris des blessés et des mourans, et à voir couler le sang humain de toutes parts. Il n'en étoit pas ainsi des Athéniens, beaucoup plus plus humains que les Romains. Comme on conseilloit aux premiers d'établir dans leur ville un combat de gladiateurs : « Il faut
» donc renverser auparavant, s'écria l'un
» d'entr'eux, l'autel que nos pères, il y
» a plus de mille ans, ont érigé à la misé-
» ricorde. »

J'aime à voir Agésilas pénétré de la plus vive douleur après une victoire remportée sur les Grecs. J'aime à l'entendre soupirer, pousser des sanglots, et s'écrier : « O mal-
» heureuse Grèce ! de s'arracher à elle-
» même, et de faire périr ainsi tant de braves
» citoyens qui auroient suffi pour vaincre
» tous les barbares. »

Les Athéniens se voyant menacés d'un déluge de barbares, démolirent leurs maisons pour en construire des vaisseaux, et les femmes lapidèrent un citoyen qui étoit d'avis d'apaiser le grand roi, c'est-à-dire le roi des Perses, par un tribut, ou par un hommage.

THÈME LXXXVII.

On dit que le poète Eschile dormant en pleine campagne, la tête nue, un aigle, prenant sa tête chauve pour une roche, y laissa tomber une tortue qui la lui brisa. C'est le cas de dire qu'une perruque lui eût sauvé la vie.

Sophocle et Euripide étoient deux poètes tragiques : le style du premier est plus noble et plus majestueux ; celui de l'autre est plus tendre et plus touchant, de sorte qu'on ne sait lequel des deux l'emporte sur l'autre, et auquel on doit accorder la palme. Il en est de même de deux poètes français fort célèbres.

Il paroît que le poète Aristophane ne respectoit pas beaucoup les dieux du paganisme : dans une de ses pièces, il représente Mercure mourant de faim, ambitionnant parmi les hommes la fonction de portier ou de cabaretier ; en un mot, prêt à tout faire, plutôt que de retourner au ciel. Dans une autre pièce, il représente Hercule embaumé par l'odeur du rôt qu'il juge plus succulente que celle de l'encens, demandant qu'il lui soit permis d'établir sa demeure dans la cuisine pour y tourner la broche. Ce poète sentoit bien qu'il n'avoit rien à craindre de tels dieux.

Ce qui m'étonne, c'est qu'il ait eu la hardiesse de se moquer, sur le théâtre, des citoyens d'Athènes les plus illustres et les plus puissans, sans garder aucune mesure.

THÈME LXXXVIII.

Alexandre de Phères, faisant jouer devant lui une pièce du poète Euripide, se sentit si attendri, malgré son extrême barbarie, qu'il ne put attendre qu'on eût fini la pièce. Il avoit honte, comme il l'avoua lui-même, de pleurer les malheurs d'Hercule et d'Andromaque, après avoir égorgé un grand nombre de ses propres citoyens, sans être touché de pitié.

Denis l'ancien fouloit aux pieds les droits sacrés tant de la nature que de la religion, faisoit souffrir les plus cruels tourmens à ses citoyens, décapitoit les uns, brûloit les autres pour un seul mot; il se repaissoit du sang humain; et pour contenter son inhumaine cruauté, il n'épargnoit ni âge ni condition.

Hermocrate ayant voulu rentrer à main armée dans Syracuse, d'où il avoit été exilé, demeura sur la place. Ses complices, du nombre desquels étoit Denis, ne furent pas épargnés par les Syracusains. Plusieurs furent exécutés publiquement; et c'en étoit fait de Denis qui étoit resté parmi les blessés, si ses proches, à dessein, ne l'eussent fait passer pour mort.

Denis s'étant adressé à ceux de Rhège,

pour leur demander une fille en mariage, ceux-ci, après avoir délibéré long-temps sur cette demande, eurent la hardiesse de lui répondre qu'ils n'avoient pas d'autre fille à lui offrir que celle du bourreau. L'histoire nous apprend que cette sanglante raillerie coûta cher à la ville.

THÈME LXXXIX.

Denis qui avoit été dangereusement blessé en assiégeant la ville de Rhège, fit tomber le poids de sa colère sur Phyton, chef des troupes ennemies. Après avoir fait précipiter son fils dans la mer, il fit attacher le lendemain Phyton à l'extrémité des plus hautes machines pour le donner en spectacle à toute l'armée; il lui fit dire alors que la veille son fils avoit été jeté dans la mer. « Il a été plus heureux que moi d'un jour, » répondit ce père infortuné. Ensuite il le promena dans toute la ville, le faisant battre à coups de verges, lui faisant essuyer mille outrages, et faisant crier par un héraut, qu'on traitoit ainsi ce perfide et ce traître, pour avoir inspiré la rébellion à ceux de Rhège. « Dites plutôt, s'écrioit ce géné-
» reux défenseur de la liberté, qui, loin
» d'être effrayé à la vue d'une mort pro-
» chaine, n'en devenoit que plus intrépide,
» dites que c'est ainsi qu'on traite un
» fidèle citoyen, pour avoir refusé de li-
» vrer sa ville et sa patrie au tyran. »
Tous les spectateurs, et les soldats même

de Denis, étoient tellement attendris par ce discours et par un tel spectacle, qu'ils ne pouvoient retenir leurs larmes. Le tyran craignant que son prisonnier ne lui fût enlevé sans avoir assouvi sur lui sa vengeance, le fit précipiter sur-le-champ dans la mer.

THÈME XC.

Philoxène étant un jour à la table de Denis l'ancien, et voyant qu'on avoit servi un très-petit poisson pour lui, au lieu qu'on avoit servi un monstre pour le roi, s'avisa d'approcher de son oreille le poisson fretin. Comme on lui demanda à quoi tendoit cette momerie : « C'est, dit-il, que
» je voulois savoir certaines nouvelles du
» temps de Nérée ; mais cet hôte de la
» mer est trop jeune pour pouvoir me ré-
» pondre. Le vôtre étant beaucoup plus
» vieux ne manquera pas de savoir ce que je
» demande. »

Denis craignant d'abandonner sa tête et sa vie à la main d'un barbier, chargea ses filles, encore très-jeunes, d'un si vil ministère : et lorsqu'elles furent plus âgées, il leur ôta des mains les ciseaux et le rasoir, et leur apprit à lui brûler la barbe et les cheveux avec des coquilles de noix : enfin, étant venu à se défier même de ses filles, il fut réduit à se rendre à lui-même ce service. Ce prince ne permettoit pas que son frère ou son fils même entrassent dans sa chambre, sans avoir changé d'habits, et sans avoir été visités par les gardes. Est-ce régner, est-ce vivre que de passer ainsi ses jours dans des frayeurs continuelles ? Ayant demandé un remède pour le faire dormir, ses médecins lui en donnèrent un si fort, qu'il assoupit tous ses sens, et fit succéder la mort au sommeil sans aucun intervalle.

THÈME XCI.

Le bruit s'étant répandu que Dion marchoit contre Syracuse, Timocrate, qui avoit épousé l'épouse même de Dion, sœur de Denis, et qui commandoit dans la ville en l'absence du tyran, lui dépêcha un courrier en Italie, pour lui apprendre, par des lettres, l'arrivée de Dion. Mais ce courrier près d'arriver, se trouva si fatigué, pour avoir couru une bonne partie de la nuit, qu'il fut forcé de s'arrêter pour dormir un moment. Pendant qu'il dormoit, un loup, attiré par un morceau de chair qu'il avoit attaché à son sac, accourut, et emporta la chair et le sac où étoient les lettres. Ce qui fut cause que Denis n'apprit que tard et par d'autres l'arrivée de Dion.

L'épouse et la sœur de Dion ne doutant point que Calippe, en qui il se confioit autant qu'en qui que ce soit, n'attentât à sa vie, lui conseillèrent de le faire mourir.

Mais Dion qui se sentoit déchiré jour et nuit par le meurtre d'Héraclide, répondit qu'il aimoit mieux mourir mille fois, et tendre le cou à quiconque voudroit le tuer, que de vivre obligé, tous les jours, de se précautionner, non-seulement contre ses ennemis, mais encore contre les meilleurs de ses amis. Quelque temps après il fut assassiné par des soldats qui étoient entièrement dévoués à Calippe. Ce traître, dans la suite, fut tué, dit-on, avec le même poignard avec lequel on avoit assassiné Dion.

THÈME XCII.

Parmi tous les stratagèmes dont il est fait mention dans l'histoire, je n'en connois pas de plus mémorable que celui par lequel Pélopidas et les autres conjurés affranchirent la ville de Thèbes du joug de la tyrannie. Quelques jeunes gens habillés en femmes, étant entrés dans la salle où les oppresseurs de la liberté ne respiroient que la joie, firent main basse sur tous les convives.

Agésilas, roi de Sparte, passoit pour le père le plus tendre et le plus complaisant pour ses enfans. On dit que pendant qu'ils étoient petits, il jouoit avec eux, et alloit à cheval sur un bâton. Un de ses amis l'ayant un jour surpris en cet état, « je vous prie, » lui dit Agésilas, de n'en rien dire à per- » sonne, avant que vous soyez vous-même » devenu père. »

Les enuemis de Timothée, fils de l'illustre Conon, pour ternir la gloire que ses heureux succès lui avoient attirée, firent peindre ce général dans un tableau où on le représentoit dormant, tandis que la fortune à ses pieds prenoit pour lui des villes dans des filets. Mais les Athéniens lui ayant donné le commandement d'une flotte de 60 voiles, pour aller au secours des Thébains, il montra bien à ses rivaux qu'il n'étoit pas endormi.

THÈME XCIII.

Les Thébains ayant trouvé les Spartiates sur leur chemin, quelqu'un courut de toute sa force dire à Pélopidas : « Nous » sommes tombés entre les mains des enne- » mis. Que ne dites-vous plutôt, répondit » Pélopidas, que ce sont les ennemis qui sont » tombés entre les nôtres ? » En effet, les Spartiates, quoique de beaucoup supérieurs pour le nombre, furent vaincus par les Thébains.

Chez les Lacédémoniens, toute charge étoit interdite aux soldats qui avoient pris la fuite. Tous ceux qui les rencontroient pouvoient les frapper sans qu'ils eussent droit de se défendre. De plus, ils ne pouvoient porter que des robes sales et déchirées. Enfin il falloit qu'ils se fissent raser la moitié de la barbe, et qu'ils laissassent croître l'autre moitié.

Epaminondas craignoit qu'Alexandre de

Phères, homme aussi barbare qu'il en fut jamais, ne tournât, comme une bête féroce, toute sa rage contre Pélopidas son prisonnier. Préférant donc le salut de son ami à sa propre gloire, quoiqu'il ne tînt qu'à lui de poursuivre la guerre vivement, il prit le parti de la tirer en longueur.

Agésilas, après avoir regardé long-temps Epaminondas qui traversoit le premier à la nage une rivière, malgré la rapidité et l'excessive froidure de ses eaux, ne put s'empêcher de s'écrier : quel homme !

THÈME XCIV.

Je ne sais s'il y eut jamais un homme plus féroce qu'Alexandre de Phères : il prenoit plaisir à enterrer des hommes tout vifs : après en avoir couvert d'autres de peaux de sangliers et d'ours, il lâchoit sur eux ses chiens de chasse pour les faire déchirer, ou bien il les tuoit lui-même à coups de flèches.

Thébé, qui détestoit, autant que qui que ce soit, la cruauté et la perfidie de son mari, forma avec ses trois frères le complot de le tuer. L'entreprise étoit d'autant plus difficile, que le palais du tyran étoit rempli de gardes qui veilloient toute la nuit. Mais loin de s'y fier, il les craignoit plus que le reste des hommes, attendu que sa vie étoit en quelque sorte entre leurs mains. Il couchoit dans une chambre haute, où l'on montoit par une échelle. Près de cette chambre étoit posté un gros dogue enchaîné, pour y faire la garde. Il étoit terrible, et ne connoissoit que le maître, la maîtresse, et le seul esclave qui lui donnoit à manger. Le temps marqué pour l'exécution étant venu, Thébé enferme ses frères pendant le jour dans une chambre voisine. Quand le tyran fut entré de nuit dans la sienne, comme il étoit chargé de viande et de vin, il s'endormit sur-le-champ d'un profond sommeil.

THÈME XCV.

Thébé sort un moment après, ordonne à l'esclave d'emmener le chien dehors, pour que son mari dorme plus en repos; et de peur que l'échelle par où il falloit monter ne vînt à faire du bruit quand ses frères monteroient, elle couvrit de laine les échelons. Tout étant ainsi préparé, elle fait monter, le plus doucement qu'il est possible, ses frères armés de poignards. Arrivés à la porte, ils sont tellement saisis de frayeur, qu'ils n'osent avancer. Thébé, toute hors d'elle-même, menace d'éveiller sur-le-champ Alexandre, et de lui déclarer leur complot. Ils se raniment tant par la honte que par la crainte : Thébé les fait entrer, les conduit près du lit, et pendant qu'elle tient elle-même la lampe, ils frappent le tyran à grands coups de poignards et le tuent. La nouvelle de sa mort ne tarda pas à se répandre dans la ville. Son cadavre, après avoir été exposé à toutes sortes d'outrages, et foulé aux pieds par ses sujets, fut livré en proie aux chiens et aux vautours. Telle fut la fin d'un des plus cruels tyrans qui aient jamais existé.

THÈME XCVI.

Epaminondas ayant été averti qu'Agésilas s'étoit mis en marche avec des troupes, forma une entreprise des plus hardies. Il part pendant la nuit avec son armée, et marche droit à Sparte par une autre route que celle que tenoit Agésilas. On ne doute point qu'il n'eût pris d'emblée la ville qui étoit sans murs, sans défense et sans troupes. Mais Agésilas, qu'un Crétois avoit informé de ce qui se passoit, dépêcha sur l'heure un cavalier pour avertir la ville du danger qui la menaçoit, et il arriva lui-même bientôt après. Il y étoit à peine arrivé que l'on vit les Thébains passer la rivière (1), et marcher contre la ville. Epaminondas qui vit son dessein découvert, crut pourtant ne devoir pas se retirer sans avoir fait une tentative. Il s'avance donc avec ses troupes, et employant le courage au lieu de la ruse, il attaque la ville par différens côtés, et s'avance jusqu'au milieu de la place. Agésilas fait face partout, et se défend avec beaucoup plus de valeur qu'on n'en devoit attendre d'un vieillard. Son fils Archidamus

---

(1) L'Eurotas.

qui

qui étoit à la tête de la jeunesse Spartiate, se portoit aussi avec le plus grand courage partout où le danger étoit le plus grand, et partout il faisoit tête à l'ennemi.

THÈME XCVII.

Un jeune Spartiate, nommé Isadas, se distingua particulièrement dans cette journée. Sans casque et sans bouclier, le corps reluisant d'huile, tenant d'une main une pique, et de l'autre une épée, il s'élance impétueusement hors de sa maison, au travers des Spartiates qui combattent, se jette sur les ennemis, et renverse tout ce qui s'oppose à lui, sans recevoir lui-même aucune blessure. On dit qu'après le combat, les Ephores lui décernèrent une couronne, pour récompenser sa valeur; mais qu'ensuite ils le condamnèrent à une amende de mille dragmes ou 500 livres, pour avoir osé s'exposer sans armes à un si grand danger.

Epaminondas ayant été atteint d'un javelot à travers sa cuirasse, tomba aussitôt. Ce fut alors que le combat recommença autour de lui avec plus de fureur entre les Lacédémoniens et les Thébains ; ceux-là faisant tous leurs efforts pour le prendre vif, et ceux-ci pour le sauver. Enfin les derniers vinrent à bout de l'enlever, après avoir mis en fuite les ennemis.

Quelle fut la consternation des Thébains, lorsque les chirurgiens, après avoir examiné la blessure d'Epaminondas, déclarèrent que dès qu'on auroit tiré le fer qui y étoit resté, il expireroit!

THÈME. XCVIII.

Nicoclès, roi de Salamine, dans l'île de Cypre, loin d'être choqué des avis qu'on lui donnoit, les recevoit avec joie, et pour marquer sa reconnoissance à Isocrate, il lui fit présent de vingt talens, c'est-à-dire, de vingt mille écus.

Iphicrate digne, sans contredit, d'être mis au nombre des plus illustres généraux de la Grèce, avoit eu pour père un cordonnier. Il ne laissa pas d'épouser la fille de Cotys roi de Thrace. Un citoyen qui faisoit valoir extrêmement le nom de ses ancêtres, osa reprocher à Iphicrate la bassesse de sa naissance. « J'en conviens, répliqua Iphicrate, » c'est en moi que commence la noblesse de » ma famille, au lieu que c'est en vous que » finit la noblesse de la vôtre. »

Aristophon, général Athénien, eut la hardiesse d'accuser Iphicrate d'avoir trahi la flotte qu'il commandoit. Iphicrate, plein de confiance dans la réputation dont il jouissoit, lui demanda : « auriez-vous été homme » à faire une trahison d'une telle nature ? — » Non, répondit Aristophon : je suis trop » homme d'honneur pour cela. — Quoi! » répartit alors Iphicrate, ce qu'Aristophon » n'auroit pas fait, Iphicrate l'auroit pu » faire? »

Ochus ayant renfermé dans une cour un

de ses oncles avec cent de ses fils et de ses petits-fils, les fit tous tuer à coups de flèches, uniquement parce que ces princes étoient fort estimés des Perses, tant pour leur probité que pour leur courage.

THÈME XCIX.

Les Sidoniens avoient mis le feu à leurs vaisseaux dès qu'ils avoient vu approcher les troupes d'Ochus, roi des Perses, afin de mettre tout le monde dans la nécessité de faire la plus vigoureuse résistance, en leur ôtant toute autre espérance de salut. Quand ils virent que leur général et leur roi les avoit trahis, et que l'ennemi étant maître de la ville, il n'y avoit plus moyen de se sauver ni par mer ni par terre, réduits au désespoir, ils se renfermèrent dans leurs maisons, et y mirent le feu. On dit que quarante mille hommes, sans compter les femmes et les enfans, périrent de cette manière. Leur roi, à cause de sa trahison, ne méritoit pas d'avoir un meilleur sort. Aussi Ochus qui n'étoit pas moins perfide que lui, ne se vit pas plus tôt maître de Sidon, qu'il le fit mourir. Il y avoit dans Sidon, quand ce malheur arriva, des richesses immenses, de sorte que le feu ayant fait fondre l'or et l'argent, Ochus vendit fort cher les cendres de cette ville infortunée.

THÈME C.

Ochus, pour se moquer des Egyptiens, fit tuer le dieu Apis, c'est-à-dire le taureau qu'ils avoient la folie d'adorer. Comme ce prince étoit aussi paresseux et pesant qu'il étoit cruel, les Egyptiens lui avoient donné le surnom choquant de l'animal stupide auquel ils trouvoient qu'il ressembloit. Outré d'un tel affront, il dit qu'ils sentiroient un jour qu'il n'étoit point un âne, mais un lion; et que cet âne pour lequel ils avoient tant de mépris, mangeroit leur bœuf. C'est pour cela qu'il fit tirer leur dieu Apis de son temple, le fit sacrifier à un âne, et le fit apprêter par un cuisinier, pour être servi ensuite aux officiers de sa maison. L'Egyptien Bagoas, officier du roi, en fut plus outré qu'aucun autre, et porta la scélératesse jusqu'au point d'empoisonner Ochus. De plus, il fit enterrer un autre corps, au lieu de celui du roi; et parce qu'Ochus avoit fait manger le dieu Apis par ses gens, il fit manger son corps mort par des chats, après l'avoir haché en petits morceaux. Pour ses os, il en fit faire des manches de couteaux ou d'épées, symboles de sa cruauté. Telle fut la fin d'Ochus, le plus barbare des rois de Perse.

THÈME CI.

Quelque tendresse que Timoléon eût pour son frère Timophane, à qui il sauva la vie au péril de la sienne, il aimoit encore plus sa patrie. Ce frère s'étant emparé de la tyrannie de Corinthe, Timoléon fut percé de douleur pour une telle perfidie ; et après avoir employé, mais en vain, toutes sortes de moyens pour le ramener à son devoir, il le fit assassiner par deux de ses amis. Cette action fut admirée par les principaux citoyens de Corinthe, et par la plupart des philosophes ; mais les autres la lui reprochèrent comme un parricide abominable. Sa mère, surtout, pénétrée de la plus vive douleur, prononça contre lui les imprécations les plus effroyables. Ce fut alors que Timoléon, n'envisageant plus dans Timophane un tyran, mais un frère, sentit toute l'horreur de son crime, et fut livré aux plus cruels remords. Ne pouvant plus supporter la vie, il résolut de s'abstenir de manger, et ses amis eurent bien de la peine à le détourner d'une si funeste résolution. Il erroit dans les lieux les plus déserts, toujours dévoré par son chagrin, et plongé dans une noire mélancolie. Tant il est vrai qu'on ne peut étouffer ce cri de la conscience qui est tout à la fois le témoin, le juge et le bourreau de ceux qui ne craignent pas de violer les droits les plus sacrés de la nature.

THÈME CII.

Denis le jeune, tyran de Syracuse, ne s'attendoit pas sans doute qu'un jour il seroit réduit à une extrême pauvreté, et que de roi de Sicile il deviendroit maître d'école à Corinthe. Quelqu'un, comme pour se railler, lui demandant un jour à quoi lui avoit servi toute la sagesse de Platon : « J'ai appris, ré- » pondit Denis, à supporter mon infortune » sans me plaindre. » Il y en a qui ont de la peine à croire que Denis fût homme à répondre avec autant de sagesse.

Nicon, fameux athlète, avoit été couronné comme vainqueur jusqu'à quatorze cents fois dans les jeux solennels de la Grèce. Après sa mort, un de ses rivaux insulta sa statue, et la frappa de plusieurs coups, sans doute pour se venger de ceux qu'il avoit reçus autrefois de celui qu'elle représentoit. Mais la statue, comme si elle eût été sensible à cet outrage, vint à tomber tout de son haut sur l'auteur de l'insulte, et le tua. Les fils de l'homme écrasé poursuivirent juridiquement la statue, comme coupable d'homicide, et punissable en vertu d'une loi de Dracon. La statue fut donc jetée dans la mer. Mais quelques années après, on ne laissa pas de l'en retirer, à cause d'une grande famine qui ravagea le pays, et on lui rendit de nouveaux honneurs.

THÈME CIII.

Lorsque Timoléon se fut rendu maître de Syracuse, on vendit à l'encan les statues de tous les tyrans qui avoient gouverné cette ville : on n'épargna que celle de Gélon, prince aussi bienfaisant qu'équitable.

Icétas et son fils furent punis de mort, comme tyrans et comme traîtres. Sa femme et ses filles ayant été conduites à Syracuse, on les condamna aussi à mort, et elles furent exécutées. On ne doute point que le peuple n'ait voulu par-là venger Dion, son premier libérateur. Car c'étoit Icétas lui-même qui avoit eu la barbarie de jeter dans la mer l'épouse de Dion, ainsi que sa sœur, et son fils même, malgré son enfance.

Ce qui prouve combien les Syracusains respectoient la mémoire de Timoléon, c'est qu'ils arrêtèrent que toutes les fois que la Sicile auroit à faire la guerre avec les étrangers, on feroit venir un général de Corinthe.

Démosthène ne pouvoit souffrir que les Athéniens, au lieu d'armer fortement contre Philippe, se promenassent éternellement dans la place publique, en se demandant les uns aux autres, si l'on disoit quelque chose de nouveau.

A s'en rapporter à Philippe, qui certainement sur cette matière mérite d'être cru, l'éloquence de Démosthène lui faisoit plus de tort elle seule que toutes les troupes et toutes les flottes des Athéniens.

THÈME CIV.

Philippe faisant le siége d'une ville dans la Thrace (1), perdit un œil par une aventure fort singulière. Aster s'étoit offert à lui sur le pied d'un excellent tireur, tellement qu'il ne manquoit pas les oiseaux, lors même qu'ils voloient le plus vite. « En con-
» séquence, lui répondit Philippe, je vous
» prendrai à mon service lorsque je ferai la
» guerre aux étourneaux. » Ce bon mot coûta cher à Philippe; car l'arbalétrier extrêmement piqué de la raillerie, se jeta dans la place, tira contre lui une flèche où il avoit écrit : *à l'œil droit de Philippe*, et lui prouva cruellement qu'il étoit fort adroit, car en effet il lui creva l'œil droit. Philippe lui renvoya la même flèche avec cette inscription : *Philippe fera pendre Aster, s'il vient à prendre la ville;* et il lui tint parole.

Un habile chirurgien tira la flèche de l'œil de Philippe avec tant d'adresse qu'il ne resta aucune trace de la plaie, et ne pouvant lui sauver l'œil, du moins il lui sauva la difformité. Cependant, qui le croiroit ? ce prince ne pouvoit s'empêcher de se fâcher, toutes les fois qu'on venoit à prononcer devant lui le mot de cyclope, ou même le mot d'œil. Combien ne pensoit pas plus noblement une femme de Lacé-

---

(1) Méthone.

démone, lorsque pour consoler son fils, qu'une blessure glorieuse avoit rendu boiteux, elle lui disoit : « Va, mon fils, tu ne saurois plus faire un pas, qu'il ne te fasse souvenir de ta valeur. »

THÈME CV.

Quand Phocion alloit à la campagne, ou qu'il étoit à l'armée, il marchoit toujours nu-pieds et sans manteau, à moins qu'il ne fît un froid excessif et insupportable ; de sorte que les soldats disoient en riant : « Voilà Phocion habillé, c'est signe d'un grand hiver. »

On demanda un jour à Phocion sur le point de prononcer une harangue, pourquoi il paroissoit rêveur : « Je songe, répondit-il, si je ne puis rien retrancher de ce que j'ai à dire. »

Démosthène, malgré son éloquence extraordinaire, ne laissoit pas de redouter Phocion, et le comparoit à une coignée qui détruisoit tout l'effet de ses paroles.

Philippe avoit passé pour invincible, jusqu'à ce qu'il eût affaire avec Phocion qui l'obligea de lever le siége de Bysance. C'est alors que ce prince déclara la guerre aux Scythes : quelque nombreuse que fût leur armée, il en vint facilement à bout.

Du même coup dont Philippe fut blessé à la cuisse, en combattant contre les Triballes, son cheval fut tué sous lui. Alexandre étoit trop intrépide pour ne pas accourir au secours de son père sur le point d'être tué par les ennemis. Il le couvrit de son bouclier, et tua ou mit en fuite tous ceux qui se jetoient sur lui.

THÈME CVI.

Les Thébains haïssoient tellement les Athéniens, qu'ils n'eurent pas honte de condamner Pindare à une grosse amende, pour avoir loué dans un de ses ouvrages la ville d'Athènes qu'il appeloit le rempart de la Grèce.

Pithon l'emportoit de beaucoup en éloquence sur tous les députés que Philippe envoya à Thèbes, et qui, en comparaison de lui, ne faisoient que bégayer. Mais il ne fut pourtant pas capable de se mesurer avec Démosthène qui étoit à la tête de ceux qu'Athènes envoya dans la même ville.

Philippe s'apercevant que les Athéniens, au lieu de prendre en flanc sa phalange, poursuivoient avec trop d'ardeur ceux qui avoient commencé à plier, ne put s'empêcher de dire : « Les Athéniens ne savent pas » vaincre. »

On convient que Philippe et Alexandre firent des prodiges de valeur. Le père et le fils sembloient disputer à qui chargeroit plus vivement, le premier les Athéniens, et le second les Thébains.

On dit que Démosthène, après avoir jeté bas ses armes, prit la fuite comme les autres ; on ajoute même que pendant qu'il fuyoit, sa robe étant venue à s'accrocher à un chardon, il crut que c'étoit un ennemi qui l'arrêtoit, et cria : « Ne m'ôtez pas la » vie. »

THÈME CVII.

Philippe, après avoir remporté une éclatante victoire sur les Athéniens et les Thébains, eut la barbarie d'insulter aux morts dont la terre étoit couverte ; tous ceux qui étoient présens étant indignés, et gardant néanmoins le silence, l'orateur Démade, prisonnier du roi, ne craignit pas de lui représenter combien une telle conduite étoit indigne d'un roi et d'un vainqueur : Philippe (il faut l'avouer pour sa gloire), loin de savoir mauvais gré à Démade, ne fit que l'en estimer davantage, lui fit toutes sortes d'amitiés, et le combla d'honneurs. Depuis ce temps-là, Philippe se montra tout autre qu'auparavant. Il renvoya libres tous les prisonniers Athéniens, sans exiger aucune rançon; il donna même des habits à la plupart, dans la vue de gagner par ce bon traitement une république aussi puissante qu'étoit celle d'Athènes. Par ce moyen, dit Polybe, il remporta un triomphe plus glorieux pour lui, et même plus avantageux que le premier. Car dans le combat, sa bravoure n'avoit vaincu que ceux qui s'y trouvèrent présens ; au lieu qu'ici sa bonté et sa clémence lui gagnèrent la ville entière, et lui soumirent tous les cœurs.

THÈME CVIII.

Isocrate, le plus célèbre rhéteur de son temps, aimoit tellement sa patrie, qu'ayant appris que Philippe venoit de remporter une éclatante victoire sur les Athéniens, il s'abstint de prendre aucune nourriture pour ne pas survivre à leur défaite.

N'est-il pas étonnant que Demosthène et les Athéniens se soient livrés à une joie excessive en apprenant que Philippe avoit été assassiné, au lieu de faire éclater leur indignation pour un crime aussi détestable qu'est le meurtre d'un roi ?

Ce qui fait honneur à Philippe, c'est d'avoir gagé un homme pour lui dire, tous les jours, avant de donner audience : « Phi- » lippe, souviens-toi que tu es mortel. »

Les courtisans de Philippe lui conseilloient de punir l'ingratitude des Péloponnésiens qui avoient eu la hardiesse de le siffler publiquement dans les jeux olympiques. Il se contenta de répondre : « que ne feront-ils » point si je leur fais du mal, puisqu'ils se » moquent de moi, malgré tout le bien que » je leur ai fait ? »

Philippe, après un grand repas, jugea et condamna une femme. Celle-ci ne craignit pas de dire qu'elle en appeloit. « A qui » donc ? dit Philippe ; de Philippe qui a » trop bu, répondit-elle sans se déconcer- » ter, à Philippe à jeun. » Philippe, bien loin de se fâcher, examina l'affaire tout de nouveau; et ayant reconnu qu'il avoit commis une injustice, il la répara pleinement.

THÈME CIX.

Une pauvre femme avoit beau prier Philippe de lui donner audience, et de terminer au plus tôt son procès; il répondoit toujours qu'il n'avoit pas le temps. Un jour enfin elle lui répliqua avec émotion : « Si vous n'avez pas le temps de me rendre » justice, cessez donc d'être roi. » Philippe, loin de se choquer d'une telle liberté, satisfit sans différer cette femme justement indignée.

Toutes les fois qu'on apportoit à Alexandre la nouvelle que son père avoit pris quelque ville ou gagné quelque bataille, loin de s'en réjouir, il ne pouvoit dissimuler la crainte qu'il avoit que Philippe ne prît tout, sans lui laisser rien à faire.

On dit que Philippe voyant qu'Alexandre avoit dompté Bucéphale, versa des larmes de joie, et qu'il lui dit en l'embrassant : « Mon fils, cherche un autre royaume qui » soit plus digne de toi : la Macédoine ne » peut te suffire. »

Alexandre montant sur le trône à l'âge de 20 ans, avoit autant à craindre du côté de la Grèce que de la part des peuples barbares que Philippe avoit subjugués.

Alexandre que Démosthène, dans ses harangues, avoit appelé enfant lorsqu'il étoit en Illyrie, et jeune homme, quand il passa en Thessalie, voulut montrer à cet orateur, sous les murailles mêmes d'Athènes, qu'il étoit homme fait.

THÈME CX.

Lorsqu'Alexandre se fut rendu maître de la ville de Thèbes, il y eut des Thraces qui, ayant abattu la maison d'une dame de qualité, nommée Timocléa, pillèrent tous ses meubles et tous ses trésors; et leur capitaine, après lui avoir fait insulte, lui demanda si elle n'avoit point de l'or et de l'argent caché. Timocléa lui répondit qu'elle en avoit; et l'ayant mené seul dans son jardin, elle lui montra un puits, et lui fit croire que dès qu'elle avoit vu la ville emportée d'assaut, elle y avoit jeté elle-même tout ce qu'elle avoit de plus précieux. L'officier ravi de joie s'approcha du puits; et, sans se défier de rien, il se baissa pour regarder dans le puits, et examiner s'il étoit bien profond. Timocléa qui étoit derrière, le poussa de toutes ses forces, le précipita dans le puits, et jeta dessus quantité de pierres dont elle l'assomma. En même temps les Thraces l'ayant saisie, la menèrent les mains liées à Alexandre. Le roi lui ayant demandé qui elle étoit, elle répondit, sans se déconcerter, qu'elle étoit sœur de Théagène qui avoit été tué en combattant pour la liberté de la Grèce contre lui, et contre Philippe son père. Alexandre, plein d'admiration pour une réponse si généreuse, commanda qu'on la laissât aller où elle voudroit avec ses enfans.

THÈME CXI.

Alexandre écrivoit à Aristote qu'il aimeroit mieux être au-dessus des autres hommes par la science des choses sublimes que par la grandeur de son pouvoir.

Philippe et tous les courtisans trembloient de crainte qu'il n'arrivât quelque malheur à Alexandre qui avoit été assez hardi pour monter Bucéphale.

Alexandre ayant demandé à Diogène s'il avoit besoin de quelque chose, celui-ci, malgré son extrême indigence, ne lui demanda rien ; mais comme il étoit couché au soleil, il se contenta de lui dire : « Ce dont » je vous prie, c'est de vous ôter un peu de » mon soleil. »

Alexandre avoit résolu de détruire la ville de Lampsaque, pour punir la rébellion de ses habitans. Il n'étoit pas fort éloigné de la ville, lorsqu'il vit venir Anaximène, célèbre historien fort connu de Philippe, et pour qui Alexandre lui-même avoit beaucoup de considération, comme ayant été son maître. Se doutant bien pourquoi il venoit, il le prévint, et jura de ne point lui accorder sa demande. « Seigneur, lui dit alors Anaxi- » mène, ce que j'ai à vous demander, c'est » qu'il vous plaise de détruire Lampsaque. » Ainsi Alexandre, malgré la résolution qu'il avoit prise de ruiner cette ville, la laissa subsister.

THÈME CXII.

A s'en rapporter au calcul d'un historien français, à juste titre fort célèbre, Alexandre, dans l'espace de sept ans et quelques mois, fit plus de deux mille lieues avec son armée.

Clitus eut le bonheur de sauver la vie à Alexandre qui venoit de passer le Granique. C'en étoit fait du roi, si Clitus, avec son sabre, n'eût coupé la main du Satrape qui alloit le frapper d'un coup de hache.

Les chevaux qui traînoient le chariot de Darius, étant tout percés de coups, se mirent à se cabrer et à secouer le joug avec tant de violence qu'ils alloient renverser le prince, lorsque, craignant de tomber vif en la puissance des ennemis, il se jeta en bas pour monter sur un autre char. Cependant ce prince, peu auparavant, s'étoit cru tellement sûr de vaincre Alexandre, qu'il avoit écrit à ses satrapes de châtier ce jeune fou, de le revêtir de pourpre par dérision, et de le lui envoyer pieds et mains liés.

Tant s'en faut qu'Alexandre fut fâché de ce que Sisygambis s'étoit jetée aux pieds d'Ephestion qu'elle prenoit pour le roi, qu'au contraire il la releva avec bonté en disant : « Ma mère, vous ne vous êtes pas » trompée ; car celui-ci est aussi Alexan- » dre. » A qui des deux pensez-vous que cette parole fasse plus d'honneur ? pour moi, je crois qu'elle est aussi honorable pour l'un que pour l'autre.

THÈME CXIII.

Alexandre fut extrêmement choqué que Darius, tout vaincu qu'il étoit, eût pris le titre de roi, dans la lettre qu'il lui avoit écrite, sans le donner à son vainqueur.

Les Tyriens craignant qu'Apollon ne quittât leur ville pour passer du côté d'Alexandre, attachèrent sa statue avec une chaîne d'or à l'autel d'Hercule, persuadés que ce dieu tutélaire de la ville empêcheroit l'autre de s'enfuir. Quelle idée ridicule les païens avoient de leurs dieux !

Les Macédoniens étant entrés dans la ville de Tyr, n'épargnèrent personne, tant ils étoient irrités de ce que les assiégés avoient fait une si longue résistance, et surtout de ce qu'ils avoient jeté en bas du mur quelques-uns de leurs compagnons, après les avoir égorgés à la vue de toute l'armée.

Alexandre, au lieu d'admirer la bravoure et la fidélité de Bétis, gouverneur de Gaza, lui fit passer des courroies à travers les talons ; et après qu'on l'eut attaché à un char, il fut traîné autour de la ville, jusqu'à ce qu'il expirât. Ainsi Bétis eut le même sort qu'Hector traîné par Achille autour des murailles de Troie. Mais l'un fut traîné tout vivant, au lieu que l'autre étoit mort.

Darius, apprenant avec quelle bonté Alexandre s'étoit comporté envers les siens, conjura les dieux que si c'en étoit fait de l'empire des Perses, ils ne permissent pas qu'un autre qu'Alexandre fût assis sur le trône de Cyrus.

THÈME CXIV.

De Tyr Alexandre partit pour Jérusalem, résolu de ne pas plus épargner cette dernière ville que la première. Les Juifs avoient cru ne pouvoir se soumettre à Alexandre, tant que Darius, à qui ils avoient prêté serment de fidélité, seroit en vie. Alexandre avoit donc résolu de punir leur désobéissance avec autant de rigueur qu'il avoit puni celle des Tyriens. Mais Dieu l'empêcha d'exécuter un tel projet. Le grand-prêtre Jaddus, voyant le peuple Juif menacé d'un si grand danger, eut recours à Dieu, ordonna des prières publiques pour implorer son secours, et lui offrit des sacrifices. Dieu lui apparut en songe la nuit suivante, lui ordonna de répandre des fleurs dans la ville, d'ouvrir toutes les portes, et d'aller, revêtu de ses habits pontificaux, avec tous les sacrificateurs, aussi revêtus des leurs, et tous les autres vêtus de blanc, au-devant d'Alexandre, sans rien appréhender de ce prince, promettant de les protéger. Ces ordres furent exécutés ponctuellement ; les Syriens et les Phéniciens, qui étoient dans l'armée d'Alexandre, et qui haïssoient mortellement les Juifs, ne doutoient point que le roi, dans la colère où il étoit, ne fît une punition exemplaire du grand-prêtre, et ne détruisît la ville de Jérusalem, comme il avoit détruit celle de Tyr. Quand les Juifs apprirent que le roi approchoit, ils allèrent au-devant de lui.

THÈME CXV.

Alexandre fut frappé à la vue du grand-prêtre qui portoit sur la tiare et sur le front une lame d'or sur laquelle le nom de Dieu étoit écrit. Dès qu'il l'aperçut, plein d'un profond respect, il s'avança vers lui, s'inclina en terre, adora ce nom auguste, et salua le grand-prêtre avec la plus grande vénération. Les Juifs s'étant assemblés autour d'Alexandre, élevèrent leurs voix pour lui souhaiter toute sorte de prospérités. Tous les assistans extrêmement surpris en croyoient à peine leurs yeux. Parménion ne put s'empêcher de demander au roi pourquoi lui qui étoit adoré de tout le monde, adoroit le grand-prêtre des Juifs. « Ce n'est pas le » grand-prêtre que j'adore, répondit Alexan- » dre, mais c'est le Dieu dont il est le » ministre. »

Il rapporta ensuite qu'étant encore en Macédoine, et délibérant par quel moyen il pourroit conquérir l'Asie, ce même homme lui avoit apparu en songe, l'avoit exhorté à ne rien craindre, et lui avoit promis que le Dieu dont il étoit le ministre marcheroit à la tête de son armée, et lui accorderoit la victoire sur les Persans.

THÈME CXVI.

« Je ne doute point, ajouta Alexandre,
» que ce ne soit par les ordres et sous
» la conduite de Dieu que j'ai entrepris
» cette guerre; et désormais je me tiens
» assuré de vaincre Darius, et de détruire
» l'empire des Perses; et c'est pour cela
» que j'adore ce Dieu en la personne de
» son prêtre. »
Alexandre, après avoir ainsi répondu à Parménion, embrassa le grand sacrificateur et les autres prêtres, marcha ensuite au milieu d'eux, monta au temple, et offrit à Dieu des sacrifices. Le grand-prêtre lui lut les endroits de la prophétie de Daniel qui le regardoient. On n'a pas de la peine à concevoir quelle joie et quelle admiration causèrent à Alexandre des prophéties si claires et qui lui étoient si favorables! Avant de sortir de Jérusalem, il fit assembler les Juifs, pour leur demander quelle grâce ils souhaitoient de lui. « Prince,
» répondirent-ils, ce dont nous vous
» prions, c'est de nous permettre de vivre
» selon les lois de nos pères, et de nous
» exempter, chaque septième année, du

» tribut ordinaire ; car cette année-là,
» d'après nos lois, il nous est défendu de
» semer nos terres. Et par conséquent nous
» ne pouvons faire de récolte. » Tant s'en
faut qu'Alexandre fît difficulté d'accorder
aux Juifs ce qu'ils lui demandoient ; qu'au
contraire il promit que si quelques-uns
vouloient servir dans ses armées, il leur
seroit permis de vivre selon leur religion, et
d'observer toutes leurs coutumes. Il n'eut pas
plus tôt fait cette proposition que plusieurs
s'enrôlèrent.

THÈME CXVII.

« Je suis bien éloignée de vous blâmer,
» écrivoit Olympias à son fils Alexandre,
» de faire du bien à vos amis. Mais vous
» ne prenez pas garde que vous en faites
» autant de rois, et qu'en les enrichis-
» sant, vous leur donnez les moyens de
» se faire beaucoup d'amis que vous vous
» ôtez à vous-même. » Alexandre n'avoit
garde de montrer à personne les lettres
que lui écrivoit sa mère, pour lui reprocher sa trop grande libéralité. Un
jour cependant en ayant ouvert une, il
se mit à la lire. Ephestion s'étant approché, lisoit avec lui par-dessus son épaule.
Il ne l'empêcha point de lire jusqu'au bout ;
mais tirant seulement son anneau de son
doigt, il en mit le cachet à la bouche de
son favori, pour lui recommander le silence.

Antipater qui gouvernoit la Macédoine en l'absence d'Alexandre, lui écrivit un jour une grande lettre contre Olympias sa mère. Alexandre, après l'avoir lue, dit : « An-
» tipater ignore qu'une seule larme d'une
» mère efface dix mille lettres comme
» celle-là. »

Lorsqu'Alexandre approchoit de Persépolis, il rencontra environ dix mille Grecs prisonniers, à qui les Perses avoient coupé, aux uns les mains, aux autres les pieds, aux autres le nez et les oreilles, tellement qu'ils ressembloient plutôt à des fantômes qu'à des hommes.

THÈME CXVIII.

Bessus et ses complices ayant atteint Darius qu'on traînoit dans un chariot, l'exhortèrent à monter à cheval, pour ne pas tomber entre les mains d'Alexandre. Darius répondit que les dieux étoient sur le point de le venger; et implorant la justice d'Alexandre, il refusa de suivre des parricides. Ils entrèrent alors dans une telle fureur, que lançant leurs dards contre lui, ils le laissèrent tout couvert de blessures. On blesse en même temps les chevaux qui le traînent, afin qu'ils ne puissent aller plus loin; et deux esclaves qui accompagnoient le roi sont massacrés. Après un parricide si détestable, Nabarzane et Bessus se séparèrent. Le premier tira vers l'Hyrcanie, et le second vers la Bactriane, suivis tous deux de peu de gens de cheval. Les barbares destitués de chefs, se dispersèrent les uns d'un côté, les autres de l'autre, selon que la peur ou l'espérance les guidoit. Cependant les chevaux qui traînoient Darius, après avoir erré long-temps, s'étoient arrêtés dans un vallon, tellement la chaleur et les blessures avoient épuisé leurs forces. Il y avoit près de là une fontaine où un Macédonien, nommé Polystrate, pressé de la soif, vint puiser de l'eau avec son casque.

THÈME CXIX.

Tout en buvant, Polystrate aperçut des chevaux percés de javelots. S'étant approché de plus près, il trouve le corps d'un homme demi-mort couché dans une mauvaise (1) charrette couverte de peaux, et reconnoît que c'est Darius qui, malgré les coups dont il étoit criblé, respiroit encore. Alors il fait approcher un prisonnier Persan. Darius se sentant défaillir demanda de l'eau, et après avoir bu, « que je suis
» malheureux, dit-il à Polystrate, de ne
» pouvoir vous témoigner ma reconnois-
» sance pour ce service signalé ! Mais
» veuille Alexandre vous en tenir compte,
» et daignent les dieux le récompenser lui-
» même de l'excès de sa bonté et de sa

---

(1) Sordidus, a, um.

» clémence envers les miens ! » Puis, ayant pris la main de Polystrate, il expira.

À peine Darius avoit rendu le dernier soupir, qu'Alexandre arriva, et voyant son corps criblé de coups, il pleura amèrement et montra par les marques de sa vive douleur, jusqu'à quel point il étoit touché de l'infortune de ce prince. Ayant détaché sa cotte d'armes, il en couvrit le corps de Darius, et après l'avoir fait revêtir des ornemens royaux, il l'envoya à Sisygambis sa mère, pour le faire ensevelir à la façon des rois de Perse, et le mettre dans le tombeau de ses ancêtres.

THÈME CXX.

ALEXANDRE, traversant des lieux arides avec un petit corps de cavalerie, pour atteindre Darius, rencontra des Macédoniens qui conduisoient des mulets chargés de peaux de chèvre remplies d'eau. Ces hommes voyant le roi couvert de sueur et mourant de soif, remplirent d'eau un casque et le lui présentèrent. Le roi leur ayant demandé à qui ils portoient cette eau, ils répondirent qu'ils la portoient à leurs enfans. « Mais, seigneur, ajoutèrent-» ils, ne vous mettez point en peine d'eux, » il nous suffit que vous viviez. » Alexandre prenant le casque et regardant autour de lui, voit tous les cavaliers, la tête penchée, et les yeux avidement attachés sur cette boisson, la dévorer par leurs regards. Il la rend à ceux qui la lui ont présentée,

présentée, en les remerciant, et sans en boire une goutte, malgré la soif ardente qui le dévore : « Il n'y en a pas assez pour toute » ma troupe, dit-il ; et si je buvois seul, » les autres en seroient encore plus altérés, » et mourroient de langueur et de défail- » lance. » Ses cavaliers, touchés jusqu'au vif d'une telle magnanimité, lui crièrent de les conduire partout où il voudroit, sans les ménager ; qu'ils n'étoient plus las, qu'ils n'avoient plus soif, et qu'ils ne se croyoient plus des hommes mortels, pendant qu'ils auroient un tel roi.

THÈME CXXI.

Alexandre qui n'étoit pas toujours assez en garde contre la barbarie, ne laissoit pas de compatir aux maux des personnes même de la plus basse condition. Un jour un pauvre Macédonien conduisoit devant lui au trésor du roi un mulet chargé d'or. Le mulet étoit si las, que bien loin de pouvoir avancer, il ne pouvoit même se soutenir. Le muletier prenant la charge sur son dos, fit un assez long espace du chemin, en la portant avec beaucoup de peine. Le roi le voyant accablé sous le poids, et sur le point de jeter le fardeau à terre pour se soulager : « Ne » perds point encore courage, lui dit-il, » tâche de fournir le reste du chemin, et de » porter cette charge dans ta tente ; car je » te la donne. »

Alexandre ayant reçu une blessure à la

jambe, en combattant contre des barbares, ne pouvoit marcher ni se tenir à cheval. Il se fit donc mettre sur un brancard ; mais il y eut alors une grande dispute entre les gens de pied et de cheval, à qui le porteroit, les uns et les autres prétendant que cet honneur leur appartenoit. Pour les concilier, on ordonna qu'ils le porteroient tour à tour.

Combien peu il s'en fallut qu'Alexandre, en assiégeant une ville des barbares, ne fût tué d'un coup de pierre qu'il reçut à la tête! il tomba évanoui, et perdit entièrement connoissance, tellement que l'armée le pleura comme mort.

THÈME CXXII.

Bessus, meurtrier de Darius, fut lui-même chargé de chaînes par ses propres officiers qui lui arrachèrent la tiare, mirent en pièces la robe royale de Darius dont il étoit revêtu, et le firent monter sur un cheval pour le livrer à Alexandre.

L'on n'eût su dire qui des Barbares ou des Macédoniens avoient une plus grande joie de voir le perfide Bessus, non-seulement garrotté, mais tout nu, que Spitamène amena à Alexandre, après lui avoir passé une chaîne au cou.

Alexandre ayant assemblé tous ses généraux, fit amener Bessus en leur présence; après lui avoir reproché sa perfidie, il lui fit couper le nez et les oreilles, et l'envoya à Echatane pour y souffrir le dernier supplice sous les yeux de Sisygambis. On fit courber par force deux arbres l'un vers l'autre, et l'on attacha à chacun de ces arbres un des membres du parricide. Ensuite, retournant chacun à leur état naturel, ils se redressèrent avec tant de violence, qu'ils emportèrent chacun le membre qui y étoit attaché, et l'écartelèrent. C'est ainsi qu'encore à présent on fait tirer à quatre chevaux les criminels de lèse-majesté.

THÈME CXXIII.

Alexandre, après avoir subjugué un grand nombre de provinces et de royaumes, pensa à porter la guerre dans les Indes. Ce pays étoit estimé le plus riche de l'univers, et l'on disoit que les soldats se servoient de boucliers d'or et d'ivoire.

Alexandre ayant ordonné qu'on le regardât comme le fils de Jupiter, les Perses aussitôt se mirent à l'adorer. Polysperchon voyant qu'un d'entr'eux, à force de s'incliner, touchoit du menton contre terre, lui dit en se moquant, qu'il frappât encore plus fort. Le roi, piqué de cette raillerie, le fit mettre en prison. Il ne laissa pas de lui pardonner dans la suite. Mais il n'en fut pas ainsi du philosophe Callistène qui ne voulut jamais reconnoître Alexandre pour un dieu.

Alexandre fit bâtir sur les bords de l'Iaxarte une ville qu'il nomma de son nom, et qui avoit 60 stades, ou 3 lieues de tour; elle fut bâtie avec tant de diligence, qu'en moins de 20 jours les remparts furent élevés et les maisons construites.

Arimaze, qui défendoit avec trente mille hommes le rocher d'Oxus (1), dut se repentir d'avoir demandé, d'un ton insultant, si Alexandre, qui pouvoit tout, pouvoit aussi voler, et si la nature lui avoit donné des ailes. Etant dans la suite descendu dans le camp des Macédoniens avec ses parens et les plus nobles du pays, Alexandre n'écoutant que sa colère, les fit tous battre de verges et inhumainement attacher en croix au pied même du rocher.

THÈME CXXIV.

Alexandre, faisant le siége d'une ville des Indiens, fut blessé d'un coup de flèche à la jambe, lorsqu'il faisoit le tour des murailles à cheval; ce qui ne l'empêcha pas de prendre la ville, et l'on fit main basse sur tous les soldats et les habitans, sans épargner même les maisons. On rapporte que dans un moment où il ressentoit une vive douleur à cause de sa blessure, il ne put s'empêcher de dire : « Tous ont beau jurer que je suis fils » de Jupiter, ma blessure m'apprend que je » suis homme. »

Taxile, surnommé Omphis, après la mort de son père, roi des Indiens, fit demander à Alexandre, par des députés, s'il lui plaisoit qu'il prît le diadème; et malgré la permission

---

(1) Petra-Oxiana.

qu'il en avoit obtenue, il attendit, pour le prendre, que le roi fût arrivé.

Alexandre ayant demandé à Taxile de quoi il avoit plus besoin dans son royaume, de laboureurs ou de soldats; Taxile répondit sans hésiter, qu'ayant à combattre tout à la fois contre deux rois, savoir, Abisare, et Porus le plus puissant, il avoit plus besoin de soldats que de laboureurs.

Alexandre s'attendoit que Porus, étonné du bruit de ses exploits, ne feroit pas difficulté de lui payer tribut; cependant ce prince, loin de se soumettre, fit dire à Alexandre qu'il iroit au-devant de lui, mais que ce seroit les armes à la main.

THÈME CXXV.

Je ne sais si Alexandre courut jamais un plus grand danger que lorsqu'il sauta dans une place des Indiens (1), et combattit seul contre un grand nombre d'ennemis. Une flèche qui avoit trois pieds de longueur, perça sa cuirasse, et lui entra bien avant dans le corps; il en sortit une si grande abondance de sang, que les armes lui tombèrent des mains, et qu'il demeura comme mort. L'Indien qui l'avoit blessé, accourut plein de joie pour le dépouiller; mais Alexandre ne sentit pas sitôt mettre la main sur lui, que rappelant ses esprits, il lui plongea le poignard dans le flanc. Enfin ses

(1) Les Oxidraques.

officiers et ses soldats, étant venus à son secours, se rendirent maîtres de la ville, et passèrent tout au fil de l'épée, sans distinction ni d'âge ni de sexe.

Alexandre revenant des bords de l'Océan eut la douleur de voir son armée ravagée par les maladies, les chaleurs excessives, la famine et la peste. Quand on eut consommé toutes les racines de palmiers, il fallut manger les bêtes de somme ; de sorte que les Macédoniens manquant de chevaux pour porter le bagage, furent réduits à brûler les riches dépouilles pour lesquelles ils avoient couru jusqu'aux extrémités de l'univers.

THÈME CXXVI.

Calanus, un des plus célèbres philosophes Indiens, après avoir vécu 83 ans, sans avoir jamais été incommodé d'aucune maladie, se vit enfin travaillé d'une rude colique; mais craignant de tomber entre les mains des médecins, et d'être tourmenté trop long-temps par la multitude des remèdes, il pria Alexandre, dans la cour duquel il vivoit depuis quelques années, de commander qu'on lui dressât un bûcher, et qu'on y mît le feu quand il seroit dessus. Le roi ne lui accorda qu'à regret ce qu'il lui demandoit. Calanus se rendit donc à cheval au pied de ce bûcher, et après les cérémonies en usage aux funérailles des morts, il embrassa ses amis, et les pria de se réjouir ce jour-là, de boire et de faire bonne chère avec Alexandre. Alors il monta gaiement sur le bûcher, se coucha, se couvrit le visage ; et quand la flamme vint à le saisir, au grand étonnement de toute l'armée, il demeura dans la même posture sans faire aucun mouvement. Autant les uns admirèrent cette action, autant les autres la blâmèrent. Je ne sais si Calanus avoit perdu l'esprit ; du moins il n'est pas douteux que, par le désir d'une vaine gloire, il n'ait voulu se donner en spectacle comme un homme d'une constance prodigieuse.

THÈME CXXVII.

Alexandre étant retourné chez lui après cette affreuse cérémonie, invita à souper plusieurs de ses amis et de ses capitaines ; et pour faire honneur à Calanus, il proposa une couronne pour prix à celui qui boiroit le plus. Promachus, qui avoit avalé quatre mesures de vin, qui tenoient dix-huit ou vingt pintes, reçut la couronne estimée mille écus. Mais il ne survécut à sa victoire que trois jours. Du nombre des autres convives, il y en eut quarante-un qui moururent de cette débauche.

Ephestion étant mort, Alexandre fit déclarer par l'oracle qu'on pouvoit lui offrir des sacrifices, comme à un demidieu. Qui pourroit dire combien d'autels on lui dressa, combien de temples on lui bâtit ? C'étoit un crime capital de douter de la divinité d'Ephestion. Peu s'en fallut qu'un ancien officier ne pérît pour avoir pleuré comme mort son ami Ephestion, en passant devant son tombeau. C'est ainsi qu'Alexandre se glorifioit non-seulement d'avoir un dieu pour père, mais de faire lui-même des dieux.

Alexandre voulant imiter l'infâme triomphe de Bacchus, fit placer sur les chemins et devant les maisons force tonneaux défoncés, où les soldats puisoient le vin, les uns avec de grands flacons, les autres avec des tasses, de sorte que durant sept jours ils ne se désenivrèrent point. Un auteur demande ce que seroient devenus ces vainqueurs du monde, s'il fût venu dans l'esprit des vaincus de les attaquer lorsqu'ils étoient noyés dans le vin et dans la débauche.

THÈME CXXVIII.

TANT qu'Alexandre séjourna à Babylone, il ne cessa de célébrer des fêtes, et le vin n'y étoit point épargné. Un jour, après avoir déjà bu avec excès, il se fit apporter la coupe d'Hercule qui tenoit six bouteilles. Il la but deux fois toute pleine, et tomba aussitôt sur le carreau. Une fièvre des plus violentes le saisit, et on le transporta chez lui à demi-mort. Quand il eut perdu toute espérance, quoique d'abord il comptât sur une prompte guérison, après avoir tiré son anneau du doigt, il le donna à Perdiccas. Quelque foible qu'il fût, il se soutint sur le coude, pour donner sa main mourante à baiser à ses soldats. Comme les grands de la cour lui demandèrent à qui il laissoit l'empire, il répondit : *au plus digne*, ne doutant point qu'à l'occasion de ce débat, on ne lui préparât d'étranges jeux funèbres. Perdiccas lui ayant demandé quand il vouloit qu'on lui rendît les honneurs divins, lors, dit-il, que vous serez heureux; et après avoir prononcé ces paroles, il rendit l'esprit, environ l'an 328 avant J. C. On a cru qu'Antipater, craignant pour sa vie, avoit empoisonné Alexandre par le ministère de Cassandre son fils. D'autres pensent que le vrai poison qui le fit mourir, fut le vin; et il en a tué bien d'autres.

THÈME CXXIX.

On ne sauroit dire qui des Perses ou des Macédoniens regrettèrent plus Alexandre. Ceux-là l'appeloient le plus juste et le plus doux des maîtres qui leur eût jamais commandé; ceux-ci le meilleur et le plus vaillant prince de la terre. Quant à Sisygambis, lorsqu'elle apprit la mort d'Alexandre, elle fut saisie d'une douleur d'autant plus vive qu'elle avoit à pleurer les morts et les vivans. « Qui » aura soin de mes petites-filles? s'écrioit-elle; » où trouver un autre Alexandre ? » Cette princesse qui avoit eu assez de constance pour supporter la mort de son père, celle de son mari, celle de quatre-vingt de ses frères massacrés le même jour par Ochus le plus cruel des tyrans, et même celle de Darius son fils, n'eut pas assez de force pour supporter la perte d'Alexandre.

On est étonné qu'Alexandre soit mort à Babylone, comme l'avoient prédit les mages et les devins. Mais quoique Dieu se soit réservé à lui seul la connoissance des choses futures, cependant, pour punir l'impiété de ceux qui consultent les démons, il permet que ces esprits de mensonge, qui se trompent souvent dans leurs conjectures, prévoient et prédisent certaines choses. Tel est le sentiment de saint Augustin.

Olympias ne pouvoit s'empêcher de plaindre le sort de son fils qui, ayant voulu se faire mettre au nombre des dieux, fut deux ans entiers privé de la sépulture. Car il avoit ordonné en mourant que son corps fût transporté au temple de Jupiter Ammon; et on employa deux ans à faire les préparatifs de ce magnifique convoi.

THÈME CXXX.

Alexandre étoit si libéral, qu'il se fâchoit contre ceux qui refusoient ses présens; et il écrivit à Phocion qu'il ne le regarderoit plus désormais comme son ami, s'il persistoit à ne vouloir rien recevoir.

Je suis ravi d'entendre dire à Alexandre qu'il étoit, en quelque manière, plus redevable à Aristote son maître, qu'à Philippe son père. Quand on pense et qu'on parle ainsi, on connoît quel est le prix d'une bonne éducation.

Il étoit indifférent pour Alexandre, disoit le grand Condé, d'être en Europe ou en Asie, parmi les Grecs ou les Perses ; il se sentoit si digne de commander, qu'il ne croyoit pas qu'on pût refuser de lui obéir.

Alexandre, pour attirer dans son parti Memnon, le plus habile des généraux de Darius, ou du moins pour le rendre suspect aux Perses, défendit sévèrement à ses soldats de faire le moindre dégât dans ses terres. Memnon, de son côté, se piquoit de générosité envers Alexandre ; et un jour entendant un soldat parler mal d'Alexandre : « Je ne t'ai pas pris à ma solde, lui dit-il en » le frappant de sa javeline, pour parler mal » du roi de Macédoine, mais pour com- » battre contre lui. »

Darius près de rendre le dernier soupir, et apprenant avec quel respect Alexandre avoit traité sa mère, son épouse et ses filles, ne put s'empêcher de lever ses mains mourantes vers le ciel, et de faire des vœux pour un vainqueur si généreux, si sage, si maître de ses passions.

F 6

THÈME CXXXI.

Sylla, tout cruel qu'il étoit, ne laissa pas de faire des lois très-sages, lorsqu'il se vit maître absolu. Qui se seroit attendu que ce tyran, après avoir fait périr cent mille citoyens par les armes, quatre-vingt-dix sénateurs, et plus de deux mille six cents chevaliers par les proscriptions, dût abdiquer la dictature? c'est pourtant ce qu'il fit, au grand étonnement de tout le monde.

Sertorius, avec une petite armée, ne laissa pas de soutenir une guerre opiniâtre contre plusieurs généraux romains, qui commandoient plus de cent mille hommes. Sans parler de ses autres talens militaires, il attaquoit brusquement et à propos, sans rien hasarder. Metellus eut beau s'y prendre de toutes les manières, il ne vint jamais à bout de le vaincre. On dit que Metellus n'eut pas honte de mettre sa tête à prix, et qu'il promit cent talens et vingt mille arpens de terre à celui qui la lui apporteroit. A combien de trahisons ne fut pas dès-lors exposé ce grand capitaine! On porta la barbarie et la perfidie jusqu'au point de l'égorger dans un festin.

THÈME CXXXII.

Rome eut à soutenir une guerre aussi dangereuse qu'humiliante contre ses propres esclaves. On exerçoit, malgré eux, à l'infâme métier de gladiateur plusieurs de ces infortunés. Soixante et dix-huit ayant rompu leurs chaînes, mirent Spartacus à leur tête. Cette troupe, toute petite qu'elle étoit, ne laissa pas de mettre en déroute un prêteur à la tête de trois mille hommes. Elle devint dans la suite une armée nombreuse, et se rendit si redoutable, qu'on fit marcher deux consuls et un prêteur pour la combattre. Spartacus les vainquit tous trois avec d'autant plus de gloire, que les Gaulois s'étant séparés de lui venoient d'être taillés en pièces par les Romains. Déjà il menaçoit Rome, et il étoit sur le point de marcher contre cette ville, à la tête de cent vingt mille esclaves soldats, pour en faire le siége, lorsqu'on chargea de cette guerre Crassus, un des meilleurs généraux de la république. Les esclaves ayant forcé Spartacus d'en venir à une action décisive, il se conduisit avec autant de valeur que de prudence. Au moment où la bataille alloit commencer, il tua son cheval, en disant qu'il n'en manqueroit point, s'il étoit vainqueur, et qu'il n'en avoit pas besoin, s'il étoit vaincu.

THÈME CXXXIII.

Malgré la bravoure et la prudence de Spartacus leur général, les esclaves ne laissèrent pas d'être battus ; mais non sans avoir disputé long-temps la victoire. On combattit avec tant d'acharnement, que quarante mille esclaves restèrent sur le champ de bataille, et que Spartacus expira au milieu de la mêlée, tout couvert de blessures. Cinq mille fuyards s'étant ralliés, Pompée n'eut pas beaucoup de peine à les défaire.

Mithridate, roi de Pont, et Tigrane son gendre, roi d'Arménie, eurent beau réunir leurs forces contre Lucullus; celui-ci, après les avoir attaqués, les mit en fuite. Il eut la gloire de sauver Cotta son collègue, battu par Mithridate; il fit lever à ce prince le siége de Cizyque, le chassa de la Bithynie et même de son royaume. C'est alors que le cruel monarque fit empoisonner ses sœurs et ses femmes, tant il appréhendoit qu'elles ne tombassent entre les mains du vainqueur. Malgré des qualités sublimes, Lucullus, dit-on, n'avoit pas le talent de se faire aimer. Tous, tant soldats qu'officiers, souffroient sa hauteur et sa sévérité avec d'autant plus d'impatience, que les mœurs corrompues favorisoient davantage la licence.

THÈME CXXXIV.

Pompée étoit si orgueilleux, qu'il tournoit tout à sa gloire, et aimoit à se vanter d'avoir soumis huit cent soixante et seize villes, depuis les Alpes jusqu'aux extrémités de l'Espagne. Bien loin de respecter le mérite de Lucullus, il prenoit plaisir à l'humilier et à le décrier, sans garder aucun ménagement. A l'entendre, Lucullus n'avoit eu que des succès faciles, et n'avoit cherché qu'à s'enrichir lui-même, au lieu de se proposer

l'utilité publique. Tant s'en faut que Lucullus gardât le silence, qu'au contraire il reprochoit à son rival de vouloir s'approprier la gloire d'autrui, de rechercher le commandement contre des ennemis déjà vaincus, et de venir à la fin de chaque guerre enlever au général l'honneur de la terminer. Quelqu'ambitieux que fût Pompée, il avoit la hardiesse de s'écrier : « Ne jouirai-je donc
» jamais du repos ? que ne puis-je vivre
» dans la retraite avec une épouse chérie !
» Combien ne sont pas plus heureux que
» moi ceux qui passent des jours tranquilles
» dans le sein de l'obscurité ! » Mais il avoit beau vouloir dissimuler l'ambition qui le dévoroit ; ses amis mêmes étoient choqués d'une telle hypocrisie. Malgré l'animosité de Pompée contre Lucullus, on ne laissa pas de décerner le triomphe au dernier ; car ses victoires ne pouvoient être oubliées.

THÈME CXXXV.

Peu s'en fallut que Rome ne fût ensevelie sous ses ruines par la scélératesse de Catilina, homme noirci de crimes et abîmé de dettes. Il porta l'audace jusqu'à former le projet de s'emparer, comme Sylla, de l'autorité souveraine, après avoir exterminé le sénat. C'en étoit fait de la république, si elle n'eût trouvé un sauveur dans la personne de Cicéron. Catilina étant sorti de Rome, après avoir été confondu par l'éloquence du Consul qui avoit eu soin de dévoiler au sénat tout le complot, on arrêta, sans perdre du temps, les autres chefs de la conspiration; et ayant été condamnés à mort par un décret du sénat, on les exécuta de nuit dans les prisons. Pour Catilina, loin de renoncer à son détestable projet, il chercha à soulever la Gaule. On fit marcher contre lui une armée. On rapporte que, sans se déconcerter, il se défendit avec la plus grande valeur, et qu'enfin se voyant vaincu sans ressource, au lieu de prendre la fuite, il se jeta au fort de la mêlée, et y mourut percé de coups, après avoir également rempli les devoirs d'un brave soldat et ceux d'un grand capitaine. La victoire coûta beaucoup de sang à l'armée romaine.

THÈME CXXXVI.

On eût d'abord dit que Rome n'avoit rien à craindre ni rien à espérer de Jules-César, tant il étoit adonné aux plaisirs dans sa jeunesse; mais dans la suite il porta l'ambition au point d'envier le sort d'Alexandre, ne craignant pas d'avouer qu'il aimoit mieux être le premier dans un village, que le second à Rome. Il lui tardoit de parvenir au consulat; voyant que Pompée et Crassus se disputoient entr'eux à qui auroit un plus grand nombre de partisans dans le sénat, et qu'ils ne s'aimoient ni l'un ni l'autre, il mit tout en œuvre pour réconcilier ces deux généraux. Le premier par ses heureux exploits, le second par ses immenses richesses, devenoient de jour en jour plus puissans à Rome. Appuyé de leur crédit, César n'eut pas de la peine à obtenir ce qu'il demandoit. Crassus, malgré les trésors qu'il entassoit chaque jour, ne laissoit pas d'être dévoré par la soif des richesses. A l'en croire, on n'étoit pas riche, si l'on n'avoit de quoi entretenir une armée. N'ayant rien tant à cœur que d'assouvir sa cupidité, il se hâta de passer en Asie.

THÈME CXXXVII.

CRASSUS, après avoir pillé le temple de Jérusalem, eut l'imprudence de s'engager dans une expédition contre les Parthes, sans avoir d'autres motifs de guerre que leurs immenses trésors. Les Parthes se battirent avec d'autant plus d'acharnement, qu'on avoit violé le droit des gens à leur égard, tellement que l'armée romaine fut taillée en pièces, et Crassus lui-même fut tué ainsi que son fils. Tant qu'avoit vécu Crassus, il avoit tenu la balance entre César et Pompée. Mais à peine eut-on appris sa mort, que la discorde éclata entre ces deux généraux, dont le premier ne pouvoit supporter de supérieur, et le second, encore plus ambitieux, ne pouvoit pas même supporter d'égal. C'est alors que tout se vendit publiquement à Rome, et qu'on n'y vit plus que factions et que désordres de toute espèce. César, dans l'espace de dix ans, avoit dompté, les uns après les autres, tous les peuples de la Gaule, malgré leur intrépidité, et il étoit venu à bout de les assujettir, autant par son adroite politique que par sa valeur et ses talens militaires. Quant à Pompée, il étoit devenu si puissant à Rome, qu'il portoit la confiance jusqu'à dire que, s'il frappoit la terre du pied, il en sortiroit une armée.

THÈME CXXXVIII.

Lorsqu'on vint à délibérer si l'on continueroit, ou si l'on révoqueroit les deux généraux, César, dit-on, consentit à abdiquer, pourvu que son rival en fît autant; il n'en fut pas de même de Pompée; il ne tint pas à lui qu'on n'ôtât à César le commandement militaire, pour être lui-même maître absolu. Mais César n'eut garde d'obéir. Ayant appris qu'on l'avoit déclaré ennemi de Rome, il marcha contre cette ville. On dit qu'étant sur le bord du Rubicon, qui sépare la Gaule Cisalpine du reste de l'Italie, il hésita pour savoir s'il passeroit cette rivière : « si je ne » passe point, dit-il, c'en est fait de moi; » mais si je passe, de combien et de quels » maux Rome n'est-elle pas menacée ! » Après avoir réfléchi sur la haine que lui portoient ses adversaires, il s'écria : « le sort en » est jeté, et il passa la rivière. » L'alarme s'étant bientôt répandue jusque dans Rome, le sénat déclara que la ville étoit en danger, et fit prendre les armes à tous les citoyens. Comme on n'avoit fait aucun préparatif contre un ennemi si redoutable, Pompée n'eut garde de l'attendre de pied ferme dans la ville. Il crut qu'il n'avoit pas de meilleur parti à prendre que de sortir promptement de l'Italie.

THÈME CXXXIX.

Pompée eut beau s'enfuir jusqu'en Macédoine ; César l'y ayant poursuivi, remporta sur lui, près de Pharsale, une victoire décisive. On rapporte qu'à la vue du champ de bataille couvert de morts, il ne put s'empêcher de soupirer profondément, et qu'il eut la générosité de jeter au feu tous les papiers de Pompée, disant qu'il aimoit mieux ignorer des crimes, que de se voir obligé de les punir. Lorsque dans la suite on lui eut apporté la tête de Pompée qui s'étoit enfui en Egypte, loin de témoigner de la joie, comme on s'y étoit attendu, il ne fit éclater que de l'indignation et de la douleur. César, nommé dictateur perpétuel, eut beau travailler à se concilier le cœur des Romains ; comme on ne doutoit point qu'il n'ambitionnât le titre de roi, il se forma contre lui une conspiration, à la tête de laquelle se trouvoient Cassius et Brutus. César aimoit ce dernier, de même que s'il eût été son fils, et ne se contentant pas de lui avoir sauvé la vie, il l'avoit comblé de ses faveurs. Il fut résolu qu'on assassineroit le dictateur en plein sénat, lorsqu'il étoit sur le point de porter la guerre en Asie contre les Parthes, afin de venger la défaite et la mort de Crassus.

THÈME CXL.

César ayant balancé s'il se rendroit au sénat, s'exposa au danger, sans prendre aucune précaution, ne s'imaginant pas qu'on eût la hardiesse d'attenter sur sa personne. Mais à peine fut-il entré, que les conjurés ayant tiré leurs poignards, le percèrent de coups. On dit qu'à la vue de Brutus, il s'écria : « et toi aussi, mon fils Brutus! » et que cessant alors de se défendre, il se couvrit le visage de sa robe.

A peine César eut expiré, qu'on vit ses meurtriers parcourir la ville, le poignard à la main, criant que le roi de Rome n'étoit plus. Il y eut quelques patriciens qui se joignirent à eux. Mais le consul Marc-Antoine, après avoir fait lire le testament de César, échauffa le peuple, tant par l'éloge du dictateur et le récit de ses exploits, qu'en déployant sa robe ensanglantée et en montrant les blessures qu'il avoit reçues de ses assassins, il fit une telle impression sur tous les esprits, que la populace en fureur vouloit mettre le feu aux maisons des conjurés. Ceux-ci n'eurent rien de plus pressé que de sortir de Rome, pour se soustraire à la fureur du peuple.

THÈME CXLI.

Après le meurtre de César, les triumvirs, savoir : Octavius, Marc-Antoine et Lépidus, convinrent entr'eux de se partager le pouvoir suprême pour cinq ans, et de faire la guerre aux conjurés. Afin d'avoir de quoi entretenir leurs troupes, ils commencèrent par exterminer les ennemis par la voie de la proscription. Pour montrer quelle en fut l'atrocité, il suffira de dire que les triumvirs, pour se faire plaisir les uns aux autres, n'épargnèrent ni leurs proches, ni leurs amis. Ils eurent la barbarie de sacrifier: Lépidus, la tête de son frère; Antoine, celle de son oncle; et Octavius, celle de Cicéron qui l'avoit secondé autant qu'homme du monde. On défendit, sous peine de mort, de secourir ou de cacher aucun des proscrits; on alla jusqu'à promettre une récompense à quiconque les tueroit, et même le droit de citoyen à l'esclave qui auroit assassiné son maître. Il y eut trois cents sénateurs, et plus de deux mille chevaliers qui furent égorgés. Les richesses tenoient lieu de crime pour ceux qu'on n'avoit aucune raison de haïr. Malgré tant de biens confisqués, on ne laissa pas de mettre une taxe sur les mères, les filles et les parens des proscrits.

THÈME CXLII.

Rassasiés de massacres et de rapines, il tardoit aux triumvirs d'exécuter leur projet contre les républicains. Lépidus s'étant chargé de garder Rome, ses deux collègues passèrent en Macédoine, où Brutus et

Cassius avoient réuni leurs forces. Jamais on n'avoit vu d'armées romaines aussi nombreuses que celles qui alloient décider du sort de la république. Il y avoit de part et d'autre plus de cent mille hommes, qui tous étoient accoutumés à combattre, et dont les uns étoient animés par l'ambition, et les autres par l'amour pour la liberté. Il ne tint pas à Cassius qu'on n'évitât une bataille. Car, en général fort clairvoyant, il pensoit que les ennemis, faute de vivres, ne manqueroient pas de se détruire d'eux-mêmes. On ne laissa pourtant pas de combattre, tant parce que Brutus ne fut pas du même avis que Cassius, que parce que les soldats regardant comme une lâcheté de n'en point venir aux mains, commençoient à murmurer, et même à déserter. C'est à Philippes que se livra la bataille, sur les confins de la Macédoine et de la Thrace.

THÈME CXLIII.

Octavius, aussi lâche un jour d'action que hardi dans le cabinet, n'eut pas honte de se cacher, sous prétexte d'infirmité. Brutus vint à bout de mettre en déroute ses légions. Mais ce général s'étant mis à poursuivre les fuyards avec trop peu de précaution, au lieu de porter du secours à Cassius, Antoine enfonça et dissipa les troupes de ce dernier. Cassius ignorant avec quel succès avoit combattu son collègue, se fit tuer par un de ses affranchis. Les deux armées retournèrent dans leur camp, sans qu'on pût juger laquelle des deux avoit eu l'avantage. Comme celle des triumvirs étoit exposée à périr faute de vivres, Brutus sentant combien avoit été prudent l'avis de Cassius son collègue, n'auroit eu garde de hasarder une seconde bataille, s'il n'y eût été forcé par la mutinerie des soldats. Malgré les prodiges de valeur qu'il fit en cette occasion, il eut le malheur de perdre cette bataille, après avoir entièrement défait l'aile que commandoit Octavius. Alors, croyant que c'en étoit fait de la liberté, Brutus ne balança pas à se tuer lui-même d'un coup d'épée; ou, selon d'autres, après s'être caché pendant la nuit dans un tombeau, il se fit percer de son épée par un de ceux qui l'accompagnoient.

THÈME CXLIV.

Après la bataille de Philippes, Octavius, uniquement occupé de ses intérêts, ne pensa qu'à supplanter ses deux rivaux. Il chercha d'abord quelque prétexte pour se débarrasser de Lépidus, dont l'élévation étoit d'autant plus étonnante que c'étoit un homme sans mérite. Ce triumvir n'ayant pas eu honte de lui demander la vie, fut content de la terminer dans le mépris et l'obscurité. Il n'y avoit plus qu'Antoine qui pût lui disputer l'empire. Ces deux rivaux, après s'être brouillés et ensuite réconciliés, avoient partagé entr'eux toutes les provinces. Mais Antoine, asservi à la volupté se rendit, à force d'infamies, si odieux et si méprisable, qu'Octavius ne laissant échapper aucune occasion de le décrier, finit par l'accuser devant le sénat. La guerre étant résolue, Antoine, qui le croiroit? s'y prépara au milieu des baladins et des plaisirs. Il n'y eut pas jusqu'à ses amis qui ne fussent indignés de sa conduite, et plusieurs d'entr'eux l'abandonnèrent. Les deux rivaux, avant de décider leur querelle par la voie des armes, disputèrent d'abord à qui des deux invectiveroit plus cruellement contre l'autre. Enfin on en vint aux mains, et la bataille navale d'Actium fixa la destinée de l'empire.

THÈME CXLV.

CLÉOPATRE détermina Antoine à combattre sur mer, quoiqu'il eût la supériorité sur terre. Cette reine s'étant enfuie pendant le combat, Antoine s'oublia lui-même au point de tout abandonner pour la suivre. Octavius, ou pour mieux dire, Agrippa son général, remporta la victoire. L'armée de terre d'Antoine, composée de dix-neuf légions et de douze mille chevaux, après l'avoir attendu en vain, passa sous les drapeaux du vainqueur. Octavius n'eut pas beaucoup de peine à soumettre l'Egypte. On dit qu'Antoine se voyant sans ressource, se tua lui-même à Alexandrie. Quant à Cléopâtre, la crainte d'être réservée pour le triomphe d'Octavius d'Octavius, lui fit éviter cet opprobre, soit par la piqûre d'un aspic, soit par quelqu'autre poison. C'est ainsi que le petit-neveu de César, à force de ruses et de souplesse, sans parler de sa cruauté, parvint à la suprême puissance où il aspiroit dès sa jeunesse. A s'en rapporter à l'histoire, il se montra aussi équitable empereur que triumvir inique. Mais, malgré les éloges que lui ont prodigués tant les Historiens que les Poëtes, je ne laisse pas de douter que ses belles actions, quelque nombreuses qu'on les suppose, aient été capables d'effacer entièrement l'horrible tache de son triumvirat.

Sur le siége de Jérusalem.

THÈME CXLVI.

Quelques années avant la ruine de Jérusalem, un homme de la campagne, nommé Jésus, étant venu à la fête des tabernacles, se mit tout à coup à crier dans le temple : voix de l'orient, voix de l'occident, voix des quatre vents, voix contre Jérusalem et contre le temple, voix contre tout ce peuple. Rien ne pouvoit l'empêcher de crier ainsi jour et nuit par toutes les rues de la ville. Quelques-uns des principaux, choqués de ce discours, maltraitèrent cet homme après l'avoir saisi. Il n'eut garde de rien dire pour se justifier, et au lieu de se plaindre de ce qu'on le maltraitoit ainsi, il continua toujours de crier comme auparavant. Les Magistrats croyant qu'il y avoit quelque chose de divin, le menèrent au gouverneur nommé Albin. Celui-ci porta la barbarie au point de le faire fouetter et déchirer jusqu'aux os. Mais cet homme, sans faire de prières, et sans verser des larmes, se contentoit, à chaque coup, de répondre d'une voix foible et lamentable : ah ! ah Jérusalem ! Albin lui demanda d'où il étoit, d'où il venoit, et pourquoi il parloit ainsi. Mais, sans rien répondre, il continua sa lamentation sur la ville. Albin le prenant pour un insensé, se détermina à le laisser aller.

THÈME CXLVII.

Telle fut la vie que Jésus continua pendant sept ans et cinq mois, sans qu'on le vît parler à personne, ni se plaindre de ceux qui le maltraitoient tous les jours, ni remercier ceux qui lui donnoient à manger. On avoit beau lui faire des questions, il ne répondoit que par sa triste lamentation. C'étoit surtout les jours de fête qu'on l'entendoit crier ; et ce qu'il y avoit de surprenant, c'est que, ne cessant de crier, sa voix n'en devenoit pas plus foible. Quand on eut assiégé la ville, on le voyoit marcher autour des murailles, en criant : malheur à la ville, malheur au temple, malheur au peuple. Enfin il ajouta malheur à moi-même. Il n'eut pas plus tôt prononcé ces dernières paroles, qu'il fut tué d'un coup de pierre lancée par une machine de guerre. Mais ceci n'arriva que quatre ans après qu'on eut commencé le siége. Telle fut la fin de Jésus dont la vie avoit été si singulière.

THÈME CXLVIII.

Ne diroit-on pas, comme l'a remarqué un des plus célèbres évêques de France, que la vengeance divine s'étoit rendue comme visible en la personne de cet homme qui ne subsistoit que pour prononcer ses arrêts? Qui peut douter qu'elle ne l'ait rempli de sa force, pour être capable d'égaler par ses cris les malheurs du peuple? Ne soyons pas surpris de le voir périr d'une mort si tragique : il a plu à Dieu de rendre sa vengeance plus sensible, en permettant que cet homme en fût la victime, après en avoir été le prophète et le témoin. Ce prophète des malheurs de Jérusalem s'appeloit Jésus. Qui peut s'empêcher de reconnoître que le nom de Jésus, nom de paix et de salut, devoit tourner à un funeste présage pour les Juifs, d'autant plus criminels aux yeux de Dieu, qu'ils méprisoient ce nom adorable dans la personne du Sauveur? Après avoir porté l'ingratitude jusqu'à rejeter un Jésus qui leur annonçoit la grâce, la miséricorde et la vie, ne méritoient-ils pas que Dieu leur envoyât un autre Jésus qui n'avoit à leur annoncer que des maux affreux, et leur ruine aussi prochaine que terrible?

THÈME CXLIX.

Vers le même temps, il arriva à Jérusalem plusieurs prodiges, qu'on ne put s'empêcher de regarder comme des signes des malheurs qui alloient fondre sur cette ville, d'autant plus abominable devant Dieu, qu'elle avoit fait mourir le Sauveur des hommes. L'an onzième de Néron, empereur romain si fameux par sa cruauté, et 65 ans après la naissance de Jésus-Christ, au mois d'avril où l'on célébroit la fête des azimes, à neuf heures de nuit, il parut autour de l'autel et du temple une si grande lumière, qu'on eût dit qu'il étoit grand jour; ce qui dura une demi-heure. La porte orientale du temple, quelque pesante qu'elle fût, puisqu'elle étoit d'airain, et que vingt hommes avoient de la peine à la fermer, cette porte, dis-je, s'ouvrit d'elle-même, pendant la nuit, malgré ses barres garnies de fer, et ses verrous qui entroient bien avant dans le seuil. Les gardes du temple, tout effrayés et hors d'eux-mêmes, n'eurent rien de plus pressé que d'aller en avertir le capitaine. Celui-ci y étant venu, on eut de la peine à la refermer.

THÈME CL.

Peu de jours après la fête, le 21 de mai, avant le coucher du soleil, on vit en l'air, par tout le pays, des chariots et des troupes armées environner la ville, après avoir traversé les rues. A la fête de la Pentecôte, les prêtres étant entrés dans le temple pour leurs fonctions, entendirent tout d'un coup une voix qui disoit : sortons d'ici.

L'année suivante, savoir l'année 66.e, Cestius, gouverneur de Syrie, étant venu d'Antioche à Jérusalem, et ayant fait le dénombrement du peuple, le marqua à l'empereur, pour lui prouver que la nation des Juifs, loin d'être méprisable, étoit plus à craindre qu'il ne pensoit. Ce fut en cette occasion que les Juifs accoururent en foule au-devant de Cestius, pour le conjurer de les secourir, et de les délivrer de la tyrannie de Florus. Mais n'ayant rien obtenu, et Florus, loin de rien rabattre de sa cruauté à leur égard, devenant de jour en jour plus insupportable, ils eurent la hardiesse de se révolter ouvertement, et entreprirent la guerre qui leur fut d'autant plus funeste qu'elle aboutit à la ruine entière de leur nation. Elle commença au mois de mai, la 66.e année de J. C.

THÈME CLI.

Le roi Agrippa mit tout en œuvre pour ramener les Juifs à la raison. Mais il eut beau leur représenter combien les Romains étoient puissans, et à quoi aboutiroit la guerre où ils s'engageoient; tout fut inutile, et il fut contraint de sortir de Jérusalem. Quelques-uns des plus séditieux ayant surpris une forteresse (1), firent main basse sur les Romains qui s'y trouvèrent, sans en épargner aucun. A Jérusalem, Eléazar, jeune homme des plus hardis, et alors capitaine du temple, vint à bout de persuader aux sacrificateurs de ne plus recevoir des victimes que des Juifs, et de n'en point offrir soit pour l'empereur, soit pour les Romains, malgré la coutume où ils étoient d'en offrir auparavant. Ceux qui aimoient le repos, ne doutant point qu'un pareil attentat ne dût avoir pour eux les plus fâcheuses conséquences, ne manquèrent pas d'envoyer des députés à Florus, et d'autres au roi Agrippa, afin qu'ils arrêtassent la sédition dès le commencement.

THÈME CLII.

Florus, qui ne désiroit que le désordre pour se mettre à couvert des accusations légitimes qu'il eût eu à craindre dans la

---

(1) Massada.

paix, n'eut garde d'envoyer les troupes qu'on lui demandoit. Il n'en fut pas de même d'Agrippa. Quelqu'indociles et quelqu'opiniâtres que se fussent montrés les Juifs, il ne laissa pas d'envoyer à Jérusalam trois mille hommes de cavalerie. Ceux-ci étant favorisés par les pontifes, les principaux citoyens et tous ceux qui vouloient le repos, se rendirent maîtres de la ville haute, malgré les séditieux qui tenoient le temple et la ville basse. Ces deux partis se battirent pendant sept jours.

A Césarée, ville de Palestine, les Gentils s'étant élevés contre les Juifs, en tuèrent plus de vingt mille, et Florus ayant fait prendre ceux que l'on avoit épargnés, les envoya enchaînés dans les ports. C'est alors que toute la nation des Juifs entra en fureur. S'étant partagés, ils se mirent à ravager les bourgs des Syriens et les villes voisines. Ils ruinoient les unes, et brûloient les autres.

THÈME CLIII.

Les Syriens, de leur côté, n'épargnèrent pas les Juifs; autant ils en prenoient dans les villes, autant ils en égorgeoient; tellement que chaque ville étoit divisée comme en deux armées, et que toute la Syrie se trouvoit dans une confusion terrible. On voyoit les rues jonchées de cadavres, les vieillards jetés sur les enfans, les femmes exposées sans sépulture. Il y eut des villes où les Juifs s'armèrent même contre leurs propres frères. Les habitans de Scythopolis les ayant chassés de leur ville, les obligèrent de s'enfermer dans un petit bois, et les égorgèrent au nombre de plus de treize mille. Un nommé Simon, qui avoit paru le plus acharné contre sa nation, voyant ce triste événement, voulut se punir lui-même d'y avoir contribué. Il s'écria : « Je n'ai que ce » que je mérite ; mais je ne dois périr que » de ma main. » Alors il regarda les siens l'un après l'autre avec des yeux égarés, et ayant pris son père par ses cheveux blancs, il le perça de son épée; il égorgea de même sa mère, sa femme et ses enfans, qui sembloient aller au-devant des coups, loin de faire aucune résistance. Enfin ayant levé le bras, comme pour mieux faire remarquer cette détestable action, il s'enfonça dans le sein son épée jusqu'à la garde. Telle étoit la fureur des Juifs.

THÈME CLIV.

L'EXEMPLE de Scythopolis fut d'autant plus funeste aux Juifs, qu'il anima les autres villes contre eux. Qui pourroit dire combien l'on en tua de milliers de côté et d'autre? A Tyr, après en avoir tué plusieurs, on mit presque tous les autres aux fers. A Alexandrie le massacre fut horrible. Le gouverneur, dont ils avoient la hardiesse de mépriser les avis, ayant lâché sur eux tous les soldats qui étoient à Alexandrie, leur donna ordre non-seulement de les tuer, mais de piller leurs biens et de mettre le feu à leurs maisons. Les Juifs, après s'être défendus le plus vaillamment qu'ils purent, commencèrent à plier ; et les Romains les tuèrent tant sur la place que dans leurs maisons, sans faire aucune distinction ni d'âge ni de sexe, en sorte que tout le quartier nageoit dans le sang, et que les corps entassés montoient jusqu'au nombre de cinquante mille. Ce fut par pitié que le gouverneur conserva le reste. Il n'eut pas plus tôt donné ses ordres pour faire cesser le carnage, que les soldats romains, accoutumés à obéir, se retirèrent. Il n'en fut pas de même du peuple d'Alexandrie ; on eut beaucoup de peine à l'arracher d'autour de ces corps morts, tant il haïssoit les Juifs.

THÈME CLV.

Cestius-Gallus, gouverneur de Syrie, voyant de tous côtés les Juifs en armes, crut ne devoir plus demeurer en repos. Il partit d'Antioche avec la douzième légion, et quelques troupes auxiliaires, se servant pour guide du roi Agrippa qui connoissoit mieux le pays. Après avoir pris et brûlé la ville de Joppé, on tua tous les Juifs au nombre de plus de huit mille. Toute la Galilée se rendit. Quelques séditieux ayant eu la hardiesse de faire résistance, on en tua plus de mille. Cestius s'avança vers la ville de Jérusalem où les Juifs s'étoient assemblés pour la fête des tabernacles. Ayant pris les armes, ils sortirent en foule de la ville; et fondant avec de grands cris sur les Romains, ils enfoncèrent leurs bataillons, de sorte qu'ils mirent en péril toute l'armée de Cestius. Mais ensuite ils eurent tellement peur du bel ordre de l'armée romaine, qu'ayant abandonné la partie extérieure de la ville, ils se retirèrent dans la ville intérieure et dans le temple. Cestius, après avoir brûlé une partie considérable de Jérusalem, alla camper devant le palais royal, dans l'intention d'attaquer la ville haute.

THÈME CLVI.

Il n'y a point de doute que si Cestius eût voulu à l'heure même donner l'assaut, il n'eût mis fin à la guerre, en se rendant maître de la ville; mais la plupart de ceux qui commandoient la cavalerie, s'étant laissés corrompre à force d'argent par Florus, gouverneur de Judée, l'en détournèrent. Le sixième jour, il fit donner un assaut au temple : les soldats romains étoient sur le point de sapper la muraille, et de brûler les portes; les séditieux perdant courage n'étoient pas fort éloignés de se rendre, et le peuple alloit recevoir Cestius comme son bienfaiteur; malgré une si belle occasion de terminer la guerre, Cestius ne laissa pas de se retirer. Les séditieux fondirent alors sur les Romains, et, non contens de les avoir chargés en queue, ils les poursuivirent pendant plusieurs jours, tellement que toute l'armée de Cestius y pensa périr. Ils prirent son bagage ; d'où il arriva que les traits et les machines que Cestius avoit fait apporter pour le siége, au lieu de servir aux Romains pour s'emparer de la ville de Jérusalem, servirent dans la suite aux Juifs pour la défendre contre les Romains mêmes. Les habitans de Damas n'eurent pas plus tôt appris la défaite des Romains, qu'ils enfermèrent tous les Juifs de leur ville dans le gymnase, et les égorgèrent tous au nombre de dix mille, sans en épargner aucun.

THÈME CLVII.

Au commencement de la 67.e année de J. C., Vespasien se rendit à Antioche ; et étant entré ensuite dans la Galilée à la tête de 60 mille hommes, il prit d'emblée la ville de Gadare qu'il brûla. De là il marcha contre une autre ville (1) où commandoit Josephe l'historien. Malgré sa vigoureuse résistance, il la prit après 40 jours de siége, et y fit mettre le feu le 1.er de juillet. Il n'y eut pas moins de 40 mille hommes de tués. Josephe ayant été pris dans une caverne où il étoit caché, se rendit volontairement, malgré les Juifs cachés avec lui, et qui aimèrent mieux se tuer les uns les autres que de se rendre aux Romains.

---

(1) Jotapat.

Les Juifs étoient partout divisés, non-seulement en chaque ville, mais même en chaque maison. Les uns vouloient la paix, les autres la guerre ; et ceux-ci étant les plus jeunes et en même temps les plus hardis, l'emportoient sur les premiers qui avoient plus de sagesse et plus d'expérience. Ils prenoient les armes, et se mettoient à piller les voisins : ensuite se joignant aux troupes, ils ravageoient tout le pays, en sorte qu'ils se faisoient plus redouter que les Romains eux-mêmes. Enfin, las de piller le plat pays, les chefs de ces partis, après s'être rassemblés de tous côtés, fondirent sur Jérusalem où il n'y avoit point de maître.

THÈME CLVIII.

Les séditieux qui s'étoient retirés à Jérusalem ne se contentoient pas d'y voler impunément. Ils tuoient même en plein jour les personnes les plus considérables. Après avoir arrêté Antipas, garde des trésors publics, et plusieurs autres des plus nobles et des plus puissans de la ville, ils les égorgèrent dans la prison, sans forme de procès, les accusant faussement d'avoir voulu livrer la ville aux Romains. Ils surent profiter des divisions qui étoient entre les plus puissans, pour les animer les uns contre les autres. Le peuple, à l'instigation d'Ananus, le plus vieux et le plus sage des pontifes, s'étant élevé contre les séditieux, ceux-ci se saisirent du temple et s'y fortifièrent. Ils eurent la hardiesse de revêtir des habits sacrés, comme un personnage de théâtre, un nommé Phanias, homme rustique et aussi ignorant qu'on peut l'être. C'est alors que le peuple, ne pouvant souffrir un tel attentat, résolut de se délivrer de la tyrannie des zélateurs; car c'est le beau nom que s'étoient donné les séditieux, comme s'ils n'eussent agi que par le zèle de la religion.

THÈME CLIX.

Les principaux citoyens et les Pontifes les plus estimés animoient le peuple, tant dans les assemblées que dans les entretiens particuliers. Ils ne manquèrent pas de lui représenter que les zélateurs portoient l'impiété jusqu'à profaner indignement le temple; et que, s'il falloit subir le joug, il valoit beaucoup mieux obéir aux Romains avec le reste du monde, qu'à une poignée de scélérats. On ne fit pas difficulté de les attaquer dans le temple qui fut souillé de leur sang. Les zélateurs se sentant pressés, abandonnèrent l'enceinte extérieure, pour se retirer dans l'intérieure. Ananus n'eut garde de forcer les portes sacrées qu'ils avoient eu soin de fermer, ni de faire entrer dans le lieu saint le peuple qui n'étoit pas purifié. Les chefs des zélateurs, savoir Eléazar et Zacharie, crurent n'avoir rien de mieux à faire que d'appeler les Iduméens, nation aussi inquiète que violente, et toujours prête à marcher au combat. Il en vint jusqu'à vingt mille. Ils trouvèrent les portes fermées ; mais cela n'empêcha pas que les zélateurs, à la faveur d'un grand orage qui survint la nuit, ne les fissent entrer secrètement dans la ville et dans le temple.

THÈME CLX.

Les zélateurs, aidés des Iduméens qu'ils avoient introduits dans la ville et dans le temple, se jetèrent avec tant de fureur sur les gardes endormis et sur le reste du peuple, que tout le dehors du temple fut inondé de sang ; et, le jour venu, on compta jusqu'à huit mille cinq cents morts. Les Iduméens ne se contentèrent pas d'avoir fait un pareil carnage ; mais s'étant jetés dans la ville, ils se mirent à piller les maisons, et à tuer tous ceux qu'ils trouvoient sur le passage. C'est surtout aux sacrificateurs qu'ils en vouloient. Après avoir tué Ananus et Jésus, ils insultèrent à leurs cadavres, et les laissèrent sans sépulture. Ils massacrèrent ensuite une infinité de personnes d'entre le peuple, selon qu'ils les rencontroient. Pour les plus jeunes et les plus nobles, ils les mettoient en prison, dans l'espérance de les attirer dans leur parti ; désespéroient-ils de les gagner, ils les faisoient mourir après les avoir cruellement tourmentés. Ils en firent périr ainsi douze mille ; à peine osoit-on la nuit jeter avec les mains un peu de poussière sur ces corps.

THÈME CLXI.

Telle étoit la frayeur du peuple, que, malgré la vive douleur dont il étoit accablé, il ne laissoit pas de retenir ses gémissemens et ses larmes, jusqu'à ce qu'il se vît bien enfermé ; et même regardoit-on alors de tous côtés si personne n'écoutoit. Les Iduméens voyant à combien et à quels excès se portoient les zélateurs, se repentirent d'être venus, et surtout lorsqu'ils vinrent à apprendre que c'étoit à tort qu'on avoit accusé les principaux citoyens de trahison : après avoir délivré deux mille de ceux que les zélateurs tenoient en prison, ils sortirent de Jérusalem pour se retirer chez eux.

Après la retraite des Iduméens, les zélateurs se montrèrent d'autant plus furieux, que dès-lors ils se virent plus libres ; et n'ayant plus rien à redouter de leur part, ils firent main basse sur les plus nobles et les plus braves du parti contraire. Il n'y avoit personne contre qui ils ne trouvassent quelque prétexte pour le perdre. A les entendre, l'un étoit trop fier, et ne s'approchoit pas d'eux : un autre s'en approchoit avec trop de familiarité ; un autre les avoit choqués avant la guerre. Quelqu'un les ménageoit-il, c'est qu'il vouloit les trahir ; et ils les punissoient tous de mort, sans faire aucune distinction.

THÈME CLXII.

Les zélateurs ayant su que plusieurs, pour se tirer de leurs mains, s'alloient rendre aux Romains, firent garder les portes et les chemins. Il n'y avoit pas de plus grand crime que de vouloir passer chez les Romains ; et ceux qui en étoient seulement soupçonnés, étoient mis à mort, s'ils ne rachetoient leur vie. On défendoit même de leur donner la sépulture, de sorte que les chemins étoient couverts de cadavres. Ces malheureux zélateurs, loin de respecter le droit des gens, fouloient aux pieds les lois de Dieu, et avoient la hardiesse de se moquer des choses divines, et surtout des prophéties, qu'ils ne laissoient pas d'accomplir sans le savoir. La division s'étant mise entr'eux, ils étoient en garde les uns contre les autres. D'un autre côté, les sicaires (ou assassins) s'étoient emparés de Massada, château fort près la ville de Jérusalem. Voyant les Romains en repos, ils ne craignirent pas d'en sortir la nuit de Pâques, pour piller les villages d'alentour, de sorte que tout le pays étoit plein de brigandages. Ce n'est pas que Vespasien n'en fût bien averti ; mais c'est qu'il vouloit laisser les Juifs s'affoiblir eux-mêmes, tandis que ses troupes se reposoient.

THÈME CLXIII.

La guerre civile dont fut suivie la mort de Néron, fut cause que Vespasien se retira. Bien loin que les Juifs profitassent de son absence, leurs divisions croissoient toujours. Un jeune homme, nommé Simon, aussi hardi que vigoureux, ayant appris la mort du pontife Ananus, sortit de Massada où il s'étoit retiré chez les sicaires, et gagna les montagnes de Judée. Après y avoir levé des troupes en peu de temps, et être devenu assez puissant pour ravager toute l'Idumée et la Judée, il jeta partout la terreur par ses cruautés, et vint camper aux portes de Jérusalem qui se trouva pressée des deux côtés ; savoir, au-dedans par les zélateurs Galiléens qui avoient un nommé Jean à leur tête, et au-dehors par Simon et son armée. Les Galiléens étoient les pires. Non contens de fouiller dans les maisons des riches, ils tuoient les hommes, insultoient aux femmes ; et après s'être emplis de butin, ils n'avoient pas honte de contrefaire les femmes, tant par le fard que par l'habit ; et pour être efféminés, ils n'en étoient pas moins cruels.

THÈME CLXIV.

Les Iduméens qui étoient dans les troupes de Jean se brouillèrent avec lui ; ils l'attaquèrent, tuèrent plusieurs de ses zélateurs ; et après avoir pris et brûlé un palais où il se retiroit, ils le poussèrent dans le temple avec les siens. Alors ils craignirent, ainsi que les citoyens, que Jean, dans son désespoir, ne mît pendant la nuit le feu à la ville ; et il fut résolu, sans que personne s'y opposât, qu'on appelleroit Simon. Quand il fut entré dans la ville, on attaqua le temple : mais ce fut en vain, tant les zélateurs montrèrent de vigueur. Il y avoit trois factions à Jérusalem ; Simon tenoit la ville haute, c'est-à-dire la montagne de Sion, et une partie de la ville basse. Les zélateurs étoient divisés en deux partis ; Eléazar, fils de Simon, qui les avoit commandés le premier, ne pouvoit souffrir que Jean se fût rendu le maître tant par sa hardiesse que par ses artifices. Etant venu à bout de séparer de lui une partie des zélateurs, il se retrancha dans le temple. Autant il étoit plus foible par le nombre, autant il étoit plus fort par l'avantage du lieu. Jean tenoit les dehors du temple avec les galeries, et une partie de la ville basse.

THÈME CLXV.

Jean avoit à se défendre des deux côtés : au-dehors, contre Simon et le peuple de Jérusalem ; au-dedans, contre Éléazar et les zélateurs retranchés. Ce fut dans leurs différentes attaques, qu'ils brûlèrent la plupart des dehors du temple, et gâtèrent le blé et les autres vivres, qui leur eussent bien servi lorsqu'ils furent assiégés par les Romains. Au milieu de ce désordre, on offroit encore des sacrifices. Éléazar et ses gens laissoient entrer ceux qui venoient sacrifier, après les avoir fouillés ; et comme Jean l'attaquoit souvent avec des traits et des pierres lancées par des machines, il arrivoit quelquefois que les sacrificateurs, ou ceux pour qui ils offroient, étoient tués ou blessés, en sorte que le temple étoit plein de sang et de corps morts. Éléazar et ses gens subsistoient des oblations qui étoient en réserve dans le temple, et ne faisoient point difficulté d'en manger, sans être purifiés, et même d'en prendre avec excès et de s'enivrer souvent. Telle étoit la piété de ces zélateurs. Vespasien ayant été élu empereur, Tite, son fils, vint d'Alexandrie à Césarée, où il assembla son armée composée de quatre légions, et des troupes auxiliaires des rois voisins. Ensuite marchant à Jérusalem, il campa environ à mille pas de la ville.

THÈME CLXVI.

La multitude innombrable qui se trouva renfermée dans Jérusalem, attendu que c'étoit un peu avant la Pâque, consomma en peu de temps ce qu'il y avoit de vivres. La peste s'y mit, et ensuite la famine. Le jour des azimes, savoir le 14.ᵉ d'avril, l'an 70 de Jésus-Christ, Eléazar qui tenoit le dedans du temple, en ayant ouvert les portes au peuple qui vouloit adorer Dieu, Jean, chef de l'autre partie des zélateurs, n'eut garde de laisser échapper cette occasion, et fit entrer avec le peuple un grand nombre de ses gens, sans être purifiés. A peine furent-ils entrés, qu'ils firent paroître les armes qu'ils avoient tenues cachées, et après avoir tué plusieurs zélateurs du parti d'Eléazar, ils n'eurent pas beaucoup de peine à se rendre maîtres du dedans du temple. C'est ainsi que toute la faction des zélateurs revint au parti de Jean. Ils étoient huit mille quatre cents. Et le parti de Simon, qui tenoit la ville, étoit de dix mille Juifs, et cinq mille Iduméens. Ces deux partis, malgré la division qui régnoit entr'eux, ne laissoient pas de se réunir contre les Romains.

THÈME CLXVII.

Tite s'étant approché de la ville, et y étant entré par une brèche le troisième de mai, se trouva maître de toute la partie septentrionale, jusqu'à la vallée de Cédron. Mais de ce côté-là, Jérusalem avoit trois murailles. Cinq jours après, Tite ayant fait encore une brèche à la seconde enceinte, gagna la ville neuve et vint à la troisième muraille et à la tour Antonia. Il y demeura du temps : car les Juifs ayant fait sur lui des sorties, brûlèrent ses machines. Il eut beau tenter toutes les voies de la douceur, et faire parler aux assiégés par Josephe l'historien, il lui fut impossible de toucher les factieux. Quelques-uns du peuple s'étant enfuis, Tite leur permit d'aller où ils voudroient. Mais Jean et Simon faisoient garder les portes, en sorte qu'il n'étoit pas plus facile aux Juifs de sortir de Jérusalem, qu'aux Romains d'y entrer.

Cependant la famine se faisoit déjà vivement sentir au-dedans. Il ne restoit plus de blé ; et les factieux se jetoient dans les maisons pour les fouiller. Trouvoient-ils du blé, ils maltraitoient, pour ne l'avoir pas découvert ; n'en trouvoient-ils point, ils tourmentoient sous prétexte qu'on l'avoit trop bien caché. Ils jugeoient à l'inspection des personnes, que ceux qui se soutenoient encore avoient des vivres en abondance.

THÈME CLXVIII.

Plusieurs vendoient en secret leurs héritages pour une mesure de froment, et les pauvres, pour de l'orge. Ensuite, s'enfermant dans le plus secret de leurs maisons, les uns mangeoient le grain tout cru, les autres en faisoient du pain, selon qu'ils étoient plus ou moins pressés de la faim et de la peur. On ne voyoit nulle part des tables dressées : ils tiroient de dessus le feu la viande demi-crue, et se l'arrachoient les uns aux autres. Car le plus fort l'emportoit, et la faim avoit effacé la honte. La femme ôtoit le pain de la bouche de son mari, le fils de celle de son père, et, ce qui est plus étrange, la mère l'ôtoit même à son enfant qui périssoit entre ses bras. Ils ne pouvoient se cacher aux séditieux. Une porte fermée signifioit qu'il y avoit des vivres. Ils l'enfonçoient, et ôtoient presque les morceaux à ceux qu'ils trouvoient dans la maison, en les prenant à la gorge. On frappoit les vieillards qui défendoient leur pain : on prenoit aux cheveux les femmes qui cachoient ce qu'elles tenoient à leurs mains. On enlevoit les enfans avec le pain qu'ils tenoient, et on les brisoit contre terre.

THÈME CLXIX.

La plus grande rage des séditieux tomboit sur ceux qui les avoient prévenus, en avalant les morceaux avant leur entrée. Les tourmens qu'ils employoient, aussi honteux que cruels, ne tendoient souvent qu'à découvrir un pain ou une poignée de farine. Ce n'est pas que ces factieux fussent pressés de la faim, mais c'est qu'ils vouloient faire des provisions pour plusieurs jours. Ils n'avoient pas honte d'arracher même aux pauvres les herbes qu'ils avoient cueillies la nuit hors de la ville, au péril de leur vie, sans leur en vouloir laisser une partie qu'ils leur demandoient au nom de Dieu. On croyoit encore leur faire une grande grâce de leur laisser la vie. A l'égard des plus riches, ils les accusoient ou de trahison ou de désertion, et les faisoient mourir. Simon renvoyoit à Jean ceux qu'il avoit pillés; et Jean en renvoyoit d'autres à Simon. Ils ne connoissoient d'autre crime que celui de ne pas partager entr'eux le butin. Ils maudissoient leur nation, et témoignoient moins de haine aux étrangers.

THÈME CLXX.

Cependant il y avoit de ces séditieux armés, que la faim contraignoit comme les autres à sortir pour chercher des herbes. Tite les fit observer par sa cavalerie; avec ces séditieux on prenoit aussi des gens du peuple qui n'osoient se rendre sans combattre, dans la crainte où ils étoient que les séditieux ne s'en vengeassent sur leurs femmes et sur leurs enfans. Tite faisoit crucifier ceux qui étoient pris les armes à la main, sans examiner s'ils étoient du nombre des séditieux ou non. On en crucifioit jusqu'à cinq cents par jour, et quelquefois plus, en sorte que l'on manquoit de croix, et de place pour les dresser. Les soldats, par moquerie, crucifioient les uns dans une posture, les autres dans une autre. Les séditieux ne manquoient pas de se servir de ce spectacle pour animer le peuple ; et traînant sur la muraille les parens et les amis des patiens, ils leur montroient combien il faisoit bon de se rendre aux Romains. Il y en eut que Tite leur renvoya les mains coupées; mais rien n'étoit capable de les effrayer ou de les adoucir.

THÈME CLXXI.

Pour achever d'affamer les séditieux, Tite résolut de les enfermer entièrement, et fit bâtir par ses troupes tout autour de la ville une muraille de deux lieues de circuit, et soutenue de treize petits forts où l'on faisoit garde nuit et jour. Cet ouvrage, quelque considérable qu'il fût, fut achevé en trois jours. Jérusalem étant ainsi enfermée, la famine emportoit les familles entières, tellement que les maisons étoient pleines de femmes et d'enfans morts, les rues de vieillards; on voyoit dans les places des jeunes gens enflés se traîner comme des fantômes, et ensuite tomber tout d'un coup. Il ne leur restoit plus assez de forces ni assez de courage pour enterrer les morts. Il y en avoit qui mouroient en enterrant les autres ; plusieurs se mettoient dans leurs sépulcres pour y attendre la mort. On ne répandoit plus de larmes, on n'entendoit plus de cris, tant la ville étoit
plongée

plongée dans un profond silence, et comme dans une funeste nuit. Les séditieux ouvroient les maisons pour piller les morts, et après les avoir dépouillés, ils s'en alloient en riant.

THÈME CLXXII

Les zélateurs portoient la barbarie jusqu'à essayer la pointe de leurs épées sur les cadavres, et quelquefois même sur ceux qui respiroient encore ; mais quelqu'un les prioit-il de l'achever, ils refusoient de le faire. Les mourans tournoient les yeux vers le temple, comme pour se plaindre à Dieu de ce qu'il laissoit encore subsister ces scélérats. Au commencement ils faisoient enterrer les morts aux dépens du trésor public, pour n'en être pas infectés ; mais ensuite le nombre en étant trop considérable, ils prirent le parti de les jeter de la muraille dans les fossés. On rapporte que Tite les voyant remplis de ces cadavres, et frappé de l'odeur qui en sortoit, soupira, et que levant les mains, il ne craignit pas de prendre Dieu à témoin que ce n'étoit pas son ouvrage ; et pour mettre fin à ces misères, il fit continuer ses travaux.

Ceux qui pouvoient s'échapper pour passer aux Romains, étoient enflés comme des hydropiques, et crevoient bientôt, pour avoir pris tout d'un coup trop de nourriture. Il y eut un de ces transfuges qui fut surpris par des Syriens, comme il ramassoit des pièces d'or dans ses excrémens. Car il y avoit une grande quantité d'or dans la ville, et ils l'avoient avalé, pour le dérober aux recherches des séditieux.

THÈME CLXXIII.

Le bruit s'étant répandu dans le camp que les transfuges étoient pleins d'or, les Arabes et les Syriens leur ouvroient le ventre et cherchoient dans leurs entrailles. En une nuit on en trouva jusqu'à deux mille ainsi éventrés. Tite l'ayant appris, déclara qu'il puniroit de mort quiconque seroit convaincu d'une telle barbarie. Cette défense n'empêcha pas les Syriens et les Arabes d'éventrer beaucoup de Juifs, à l'insçu des Romains. Mais la plupart ne trouvèrent rien, et ce fut en vain qu'ils commirent cette cruauté.

Un des transfuges raconta à Tite que par une seule porte dont il avoit la garde, on avoit enlevé cent quinze mille huit cent quatre-vingt corps, depuis le quatorze avril où le siége avoit commencé, jusqu'au premier de juillet; et il ne faisoit mention que des pauvres que l'on enterroit aux dépens du public, ce qui l'obligeoit à les compter pour payer les porteurs. Pour les autres, les parens les enterroient. D'autres transfuges dirent que l'on avoit jeté par les portes six cent mille corps de pauvres, et que le reste ne pouvoit se compter; et comme il n'étoit plus possible d'enlever les pauvres, on en vint à les entasser dans les plus grandes maisons que l'on fermoit, quand elles en étoient pleines.

THÈME CLXXIV.

Les transfuges ajoutoient que la mesure de blé se vendoit un talent, c'est-à-dire au moins deux mille livres ; et comme on ne pouvoit plus aller au dehors cueillir des herbes, il y en avoit qui, après avoir fouillé jusques dans les égoûts, pour y chercher de vieille fiente de bœuf, ne craignoient pas de manger ce qu'auparavant ils n'auroient pu même regarder. Les Romains ne pouvoient entendre parler de ces misères, sans frémir d'horreur; au lieu que les Juifs factieux les voyoient sans être émus de pitié. Leur fureur en devenant plus grande, ils n'avoient pas horreur de marcher sur les monceaux de cadavres dont la ville étoit pleine, pour aller au combat contre des étrangers, ayant les mains ensanglantées du meurtre de leurs citoyens. Ce n'étoit plus l'espérance de vaincre, mais le désespoir de se sauver, qui leur donnoit du courage.

Ce ne fut pas sans beaucoup de peine que les Romains firent de nouvelles plate-formes, tant le bois étoit rare : car il falloit l'aller chercher jusques à près de quatre lieues. Ils en dépouillèrent tout le pays, en sorte que les environs de Jérusalem, tout charmans qu'ils étoient auparavant, furent entièrement défigurés et méconnoissables.

THÈME CLXXV.

Ce ne fut qu'après des combats furieux que Tite ayant pris la forteresse Antonia, malgré la vigoureuse résistance des Juifs, la ruina, et vint à bout de s'avancer jusques au temple le 17 juillet, jour auquel le sacrifice perpétuel avoit cessé, faute d'hommes pour l'offrir : ce qui fut pour le peuple un grand sujet d'affliction. Tite eut beau essayer encore, tant par Josephe que par lui-même, d'obliger les séditieux à se rendre, sans forcer le lieu saint. Il se rendit maître des deux galeries extérieures du temple, qui le fermoient au septentrion et à l'occident. Les Juifs ayant déjà brûlé une partie de ces galeries, les Romains brûlèrent le reste.

Cependant la famine croissoit de jour en jour dans la ville. Pour peu qu'il y eût apparence qu'il y avoit de la nourriture dans une maison, on voyoit éclater une guerre, et les personnes les plus chères ne craignoient pas d'en venir aux mains les unes avec les autres. On voyoit les voleurs courir comme des chiens enragés, frapper aux portes, et entrer dans les mêmes maisons deux ou trois fois dans une heure. On mettoit tout sous la dent, même ce qui ne servoit pas à l'usage des bêtes les plus immondes. Ils n'eurent garde de laisser ni leurs ceintures, ni les courroies de leurs sandales, ni les cuirs de leurs boucliers.

THÈME CLXXVI.

Une femme nommée Marie, fille d'Eléazar, non moins distinguée par sa naissance que par ses richesses, eut le malheur de se trouver, comme les autres, enfermée dans la ville. Les séditieux lui prirent tout ce qu'elle avoit apporté, et enfin le reste de ses joyaux, et jusqu'à la nourriture qu'elle avoit beaucoup de peine à trouver de jour en jour. Outrée de douleur, elle les charge d'injures et de malédictions ; et loin de redouter la mort, il lui tardoit de périr par leurs mains. Enfin pressée tant de la faim que du désespoir, elle prit son enfant qu'elle nourrissoit de son lait, et le regardant avec des yeux égarés, elle dit : « Malheureux enfant, pour qui est-ce que je te réserve ? Est-ce pour mourir de faim, ou pour devenir esclave des Romains, ou pour tomber entre les mains de ces séditieux qui sont encore pires ? » Alors sans être arrêtée par la tendresse maternelle, elle n'a pas horreur de le tuer, le rôtit, en mange la moitié, et cache le reste. Attirés par l'odeur de la viande, les séditieux accoururent, et ayant tiré leurs épées, ils menacèrent la femme de l'égorger sur-le-champ, si elle ne la leur montroit. « Je vous en ai gardé une bonne part, dit-elle, » et elle leur découvrit ce qui restoit de son enfant. Malgré leur férocité, ils furent saisis d'horreur; et la regardant fixément, ils demeuroient immobiles et hors d'eux-mêmes.

THÈME CLXXVII.

Marie, sans se déconcerter, continua : « c'est mon enfant, c'est moi qui l'ai tué; vous en pouvez bien manger après moi. Etes-vous plus délicats qu'une femme, ou plus tendres qu'une mère ? » Plus cruels que les bêtes féroces, ils ne laissèrent pas de trembler, et ils n'eurent rien de plus pressé que de sortir de la maison. Le bruit de cette abomination ne tarda pas à se répandre par toute la ville. Chacun en eut horreur, comme si lui-même l'eût commise; et on ne pouvoit s'empêcher d'envier la condition de ceux qui étoient morts avant de voir un tel désastre. Les Romains eurent peine à le croire. Quelques-uns, il est vrai, en furent touchés de compassion ; mais la plupart qu'un tel récit faisoit frémir d'horreur, n'en devinrent que plus acharnés contre cette malheureuse nation. Tite ne put s'empêcher de protester de nouveau devant Dieu, que c'étoient eux qui avoient voulu la guerre, au lieu d'accepter la paix et l'amnistie qu'il leur offroit. C'est ainsi qu'on vit s'accomplir soit la menace que Dieu avoit faite par Moïse à tout son peuple en général, soit la prophétie particulière de J. C. aux femmes de Jérusalem : savoir qu'un jour viendroit où l'on estimeroit heureux les ventres stériles, et les mamelles qui n'auroient point allaité.

THÈME CLXXVIII.

Le huitième d'août, les Romains se mirent à attaquer la seconde enceinte du temple ; mais malgré tous leurs efforts, il leur fut impossible d'en abattre les murs avec leurs beliers, et d'enlever les seuils des portes, tant à cause de la grandeur des pierres, que de la force de leurs liaisons. Ils ne purent non plus escalader les galeries, tant les Juifs faisoient une vigoureuse résistance. Tite ayant donc été contraint de faire mettre le feu aux portes de la seconde enceinte du temple, le feu gagna les galeries qui brûlèrent le reste de ce jour-là et toute la nuit suivante. Tite et ses capitaines avoient à cœur de conserver le corps du temple, mais le dixième d'août, les Juifs qui le gardoient ayant fait une sortie sur les Romains qui travailloient par ordre de Tite à éteindre le feu de la seconde enceinte, furent repoussés dans le corps du temple. Alors un des soldats romains, sans attendre l'ordre, mais poussé comme d'un mouvement surnaturel, prit un tison à ce feu, et à l'instigation d'un autre soldat, le jeta dans une des fenêtres dorées des cabinets qui tenoient au temple du côté de septentrion. Le feu ne tarda pas à prendre : Tite eut beau y accourir lui-même. Le tumulte étoit tel qu'il ne put se faire obéir. Le feu ayant pénétré au dedans même du temple, le consuma entièrement, malgré les efforts qu'on fit pour l'éteindre.

THÈME CLXXIX.

C'est ainsi que fut accomplie la prophétie de J. C. qui avoit annoncé que le temple seroit détruit, et qu'il n'y resteroit pas pierre sur pierre. Ce second temple fut brûlé le même jour du même mois que le premier avoit été brûlé par Nabuchodonosor. Tout ce qui s'y trouva fut massacré, sans qu'on fît aucune distinction d'âge, de sexe, de condition : l'autel étoit environné de corps morts entassés : le pavé ne paroissoit point, tant il étoit couvert de sang et de carnage. Il n'y eut que les séditieux qui s'échappèrent l'épée à la main, et gagnèrent le mont Sion. Parmi le peuple qui périt dans le temple, il y avoit six mille personnes, hommes, femmes, enfans, qu'un faux prophète avoit abusés, et y avoit fait monter de la ville, en disant que Dieu l'ordonnoit, et qu'ils y recevroient de sa part des signes de salut. Il y avoit plusieurs imposteurs semblables, dont les tyrans se servoient pour retenir le peuple, et l'empêcher de se rendre aux Romains. Le temple étant brûlé, les Romains plantèrent leurs enseignes devant la porte orientale, et eurent la hardiesse de sacrifier sur la place même, aux idoles dont ces enseignes étoient chargées.

THÈME CLXXX.

Les séditieux ayant porté l'insolence jusqu'au point de ne vouloir pas se rendre à discrétion, Tite en fut tellement irrité, qu'après avoir fait brûler toute la ville basse, il attaqua la ville haute. Les Romains y étant entrés le huitième de septembre de cette même année, c'est-à-dire de la 70.ᵉ année de J. C., y mirent tout à feu et à sang. Lorsqu'on eut achevé d'abattre ce qui restoit tant du temple que de la ville, Tite y fit passer la charrue. Il ne réserva qu'une partie des murailles à l'occident, avec trois tours, afin que leur beauté fît juger à la postérité quelle avoit été autrefois la magnificence de cette malheureuse ville. Le butin fut si grand, que l'or diminua dans la Syrie de la moitié de son prix. On trouva dans les égoûts souterrains environ deux mille corps de Juifs morts de faim ou de maladie, ou qui s'étoient tués les uns les autres, plutôt que de se rendre aux Romains. Les deux tyrans Jean et Simon, qui s'y étoient cachés, finirent par se rendre, et on les garda pour le triomphe. On compte jusqu'à onze cent mille Juifs morts pendant ce siége, et quatre-vingt-dix-sept mille vendus; mais à peine vouloit-on les acheter.

THÈME CLXXXI.

Les nations voisines ayant offert à Tite des couronnes, il les refusa, disant que ce n'étoit point son ouvrage, et qu'il n'avoit fait que prêter ses mains à la vengeance de Dieu irrité contre les Juifs. Il laissa une légion à Jérusalem pour en garder les ruines; et accompagné de deux autres légions, il retourna à Césarée, où il assembla tous les captifs et tout le butin, et y demeura le reste de l'année 70.e, attendant que le temps fût favorable pour se mettre en mer et passer en Italie. Étant arrivé à Rome, il triompha de la Judée avec Vespasien son père. En ce triomphe furent menés Jean et Simon, chefs des séditieux, avec sept cents Juifs des mieux faits. Selon la coutume on exécuta à mort Simon, comme chef des ennemis. Le nombre des Juifs qui périrent dans cette guerre en diverses occasions, en y comprenant les onze cent mille du siége, monte à treize cent trente-sept mille quatre cent quatre-vingt-dix (1). Mais combien s'en faut-il qu'on les ait tous comptés! Cette histoire de la guerre des Juifs a été écrite en grec par Josephe, que l'empereur mit en liberté après l'avoir pris. Josephe ayant été témoin oculaire, et étant demeuré Juif, ce seroit bien à tort qu'on le soupçonneroit d'avoir voulu montrer l'accomplissement des prophéties de Jésus-Christ.

---

(1) 1,337,490.

THÈME CLXXXII.

On ne peut s'empêcher d'être effrayé en lisant dans Josephe ce qui s'est passé en cette guerre, et surtout les horribles inhumanités des zélateurs, dont la justice divine se servoit pour exécuter sa vengeance. On ne savoit pas, dit un auteur, d'où venoit leur nom, ni pourquoi une race aussi impie que sanguinaire, ennemie tout à la fois de Dieu, du temple, de sa patrie et de la nature même, avoit la hardiesse de prendre cette qualité. Mais pour peu qu'on y réfléchisse, on verra que c'étoient eux plutôt que les Romains qui avoient un zèle proportionné tant aux crimes de Jérusalem qu'à la punition qu'elle méritoit. Sans ces harpies, tout eût été en paix au dedans ; et c'eût été une consolation pour les plus misérables, de ne l'être que par nécessité. Bien d'autres villes, il faut l'avouer, ont eu à endurer les rigueurs d'un siége, ou de la famine, ou de la peste ; mais il est inouï que quelques citoyens aient réduit les autres à une misère inexprimable ; qu'ils aient porté la fureur au point d'enlever à leurs frères jusqu'au dernier morceau de pain, et de tourmenter les vieillards, les femmes et les enfans par des supplices horribles, en se nourrissant avec joie du spectacle de leurs misères, ne laissant pas de se faire à eux-mêmes une guerre implacable, et n'étant unis que pour faire le mal.

THÈME CLXXXIII.

Cet exemple est unique, et le sera toujours; mais cet exemple unique étoit nécessaire, soit pour vérifier la prédiction de J. C., soit pour rendre la punition de Jérusalem semblable en ce point au crime horrible qu'elle avoit commis en crucifiant son Dieu, et qui ne peut avoir d'exemple, ni dans le passé ni dans l'avenir. Est-il rien qui marque plus clairement la vengeance divine, que le nombre de ceux qui furent crucifiés par les Romains, aux yeux de leurs propres frères, et la barbarie qu'on exerça envers les transfuges mêmes qui, bien loin de s'attendre à des supplices, avoient espéré de trouver quelque rafraîchissement dans le camp des Romains, et y être en sûreté? Toutes les cruautés qu'on peut exercer en crucifiant des criminels, et tous les outrages qui peuvent accompagner cet affreux supplice, furent mis en usage par les soldats, d'autant plus portés à insulter à ces misérables, qu'ils étoient animés par la colère et la haine. Qui ne voit pas avec frayeur dans cette multitude de Juifs crucifiés à la vue de Jérusalem, fouettés cruellement avant d'être attachés à la croix, et insultés par toutes sortes d'outrages pendant ce supplice; qui peut, dis-je, s'empêcher de reconnoître dans un tel châtiment la juste punition de la fureur avec laquelle les Juifs avoient fait souffrir les mêmes supplices et les mêmes indignités au Messie?

Sur des sujets de piété.

THÈME CLXXXIV.

Sainte Geneviève naquit vers l'an de Jésus-Christ 422, à Nanterre, proche de Paris. Elle n'avoit environ que sept ans, lorsque saint Germain, évêque d'Auxerre, et saint Loup, évêque de Troyes, passèrent à Nanterre pour aller en Angleterre, afin d'y combattre l'hérésie pélagienne. Ils jouissoient l'un et l'autre d'une si grande réputation de sainteté, que dès qu'on eut appris qu'ils étoient arrivés à Nanterre, il s'assembla autour d'eux une grande foule de gens pour recevoir leur bénédiction. Geneviève y ayant été conduite par son père et sa mère, saint Germain, par un instinct de l'Esprit divin, la discerna au milieu de la foule, et l'ayant fait approcher, il dit à son père et à sa mère que cette petite fille seroit grande devant Dieu, et que son exemple attireroit à lui plusieurs personnes. Puis ayant demandé à Geneviève si elle vouloit se consacrer à Jésus-Christ comme son épouse, elle répondit que c'étoit tout son désir. Le lendemain le saint évêque l'ayant prise à part, lui demanda si elle se souvenoit de ce qu'elle lui avoit promis la veille : « Oui, répondit-elle sans hésiter, et j'es-
» père l'observer par le secours de Dieu et
» par vos prières. » Alors saint Germain regardant à terre, vit une médaille de

cuivre où la croix étoit empreinte ; il la lui donna en lui recommandant de la porter à son cou.

THÈME CLXXXV.

Quelque temps après le départ des deux saints évêques, la mère de Geneviève, allant un jour à l'eglise, l'obligea de rester à la maison. Geneviève eut beau la conjurer de lui permettre de l'y accompagner, la mère, malgré les larmes et les prières de sa fille, demeura inflexible ; ennuyée de ses vives instances, elle entra si fort en colère qu'elle lui donna un soufflet. Son emportement fut puni sur-le-champ. Elle perdit la vue, et demeura aveugle près de deux ans. Enfin s'étant souvenue de ce que lui avoit prédit saint Germain, elle dit à sa fille de lui apporter de l'eau du puits, et de faire le signe de la croix dessus. Geneviève lui en ayant apporté, à peine s'en fut-elle lavé deux ou trois fois les yeux, qu'elle recouvra entièrement la vue.

Dès l'âge de 15 ans, Geneviève commença à ne manger que deux fois la semaine, savoir le dimanche et le jeudi ; et ces jours-là même elle prenoit pour toute nourriture du pain d'orge avec des fèves cuites depuis une semaine ou deux, sans jamais boire que de l'eau. Un jeûne si rigoureux étoit soutenu par une prière fervente et presque continuelle ; et elle répandoit en la présence de Dieu une si grande abondance de larmes, que le lieu où elle prioit ordinairement en étoit tout trempé.

THÈME CLXXXVI.

Malgré une si grande vertu, Geneviève ne laissa pas d'être attaquée par les calomnies les plus atroces. Mais loin de s'abandonner au désir de la vengeance, elle montra une patience à toute épreuve, et elle se contenta de pleurer et de prier dans le secret pour ses ennemis et ses calomniateurs. Saint Germain, pour retourner en Angleterre, passa à Paris où sainte Geneviève s'étoit retirée après la mort de son père et de sa mère, chez une dame qui étoit sa marraine, et qui l'avoit invitée à venir demeurer avec elle. Le saint évêque ne manqua pas de s'informer de Geneviève. C'est alors que le peuple se déchaîna contre elle et eut la hardiesse de traiter sa vertu d'hypocrisie et de superstition. Mais on eut beau se répandre en invectives contre Geneviève, le saint évêque, bien éloigné d'ajouter foi à des calomnies si atroces, et voulant faire voir qu'il en jugeoit bien autrement, lui alla rendre visite, et la traita avec un respect qui fut admiré de tout le monde.

Attila qui s'appeloit lui-même le fléau de Dieu, après avoir ravagé plusieurs provinces de l'empire romain, étoit entré dans la France à la tête d'une armée formidable. Cette nouvelle ayant répandu l'alarme dans Paris, les habitans qui ne se croyoient pas en sûreté dans leur ville, étoient résolus de se retirer avec leurs biens dans des places plus fortes.

THÈME CLXXXVII.

Toute la ville de Paris étant plongée dans la consternation, Geneviève, après avoir assemblé les dames, les exhorta à détourner les fléaux de la colère de Dieu, par les prières, les veilles et les jeûnes. Elles la crurent, et passèrent plusieurs jours à prier dans l'église. Mais il s'en fallut beaucoup que les hommes eussent égard aux exhortations de Geneviève. Elle eut beau leur représenter qu'ils devoient mettre leur confiance en Dieu, que leur ville seroit conservée, au lieu que celles où ils prétendoient se retirer, seroient pillées et saccagées par les barbares; ils la traitèrent de fausse prophétesse, et leur rage contre elle alla jusqu'à vouloir attenter à sa vie. Mais au moment que Geneviève sembloit avoir tout à craindre, il se fit tout à coup, par la puissance de Dieu, un si grand changement dans les cœurs les plus emportés, qu'ils renoncèrent dès-lors à leurs mauvais desseins contre elle; et quand ils virent que, selon que l'avoit prédit Geneviève, les Huns n'approchoient pas de leur ville, ils n'eurent plus pour elle, jusqu'à la fin de sa vie, que des sentimens de vénération et de confiance.

La sainteté extraordinaire de sa vie fut récompensée par le don des miracles, de sorte qu'on venoit de toute part implorer son secours. Elle mourut au commencement du 6.ᵉ siècle, âgée d'environ 90 ans. Son corps fut inhumé dans l'église des apôtres saint Pierre et saint Paul, qui porte aujourd'hui le nom de sainte Geneviève.

THÈME CLXXXVIII.

Quelque surprenans que paroissent les faits dont la vie de saint Siméon-Stylite est remplie, gardons-nous de les révoquer en doute, attendu qu'ils sont rapportés par l'évêque Théodoret qui passe, avec raison, pour l'un des plus graves et des plus judicieux écrivains de l'antiquité ecclésiastique. Il avoit vu lui-meme et entretenu plusieurs fois S. Siméon. Il a écrit de son vivant l'abrégé de sa vie, protestant qu'il avoit pour témoins tous ses contemporains.

Siméon étoit né en un bourg de Cilicie. Son père qui étoit berger, lui apprit dès l'enfance à garder ses brebis. Un jour que le troupeau ne pouvoit sortir à cause de la neige, Siméon étant allé à l'église, entendit lire ces paroles de l'Evangile : « Bien- » heureux sont ceux qui pleurent ; bienheu- » reux sont ceux qui ont le cœur pur. »

Il demanda à un pieux vieillard comment on pouvoit parvenir à ce bonheur. « On y » parvient, lui répondit le vieillard, en » jeûnant, en priant aux différentes heures » du jour et pendant la nuit, comme on » fait dans les monastères. Il faut, mon

» fils, ajouta-t-il, supporter la faim et la
» soif, les injures et les opprobres; il faut
» gémir, pleurer, veiller, user de la ma-
» ladie comme de la santé, être persécuté
» par les hommes, sans attendre de conso-
» lation. »

THÈME CLXXXIX.

Siméon n'avoit alors que treize ans. Cependant les paroles du saint vieillard firent une telle impression sur son esprit, qu'après avoir prié Dieu de le diriger, il se retira dans un monastère composé de quatre-vingts moines qui s'exerçoient aux plus rudes travaux de la pénitence. Siméon ne tarda pas de surpasser tous ses confrères en austérité, Car au lieu que les autres mangeoient de deux jours l'un, lui seul ne mangeoit qu'une fois la semaine, et donnoit sa nourriture aux pauvres.

A cette abstinence, il ajouta une macération bien extraordinaire. Etant un jour allé tirer de l'eau au puits, il prit la corde du seau et s'en serra les reins si étroitement, qu'elle entra dans la chair, et on ne s'en aperçut qu'à l'odeur et au sang qui en dégoûtoit. La plaie fut plus de deux ans à guérir : après quoi le supérieur le pria de se retirer, de peur que son exemple ne nuisît aux autres. Il se retira alors dans une petite loge abandonnée où il forma le dessein d'imiter le jeûne de Moïse, d'Elie et de J. C., et de passer les 40 jours du carême sans manger. Théodoret rapporte qu'il avoit déjà passé 28 carêmes de la sorte, dans le temps qu'il écrivoit ceci.

THÈME CXC.

Après avoir demeuré trois ans dans cette cabane, Siméon monta au haut d'une montagne où il fit faire une enceinte de pierres sèches, et s'y renferma, résolu d'y vivre à découvert, exposé aux injures de l'air. Il portoit une grosse chaîne de fer de vingt coudées de long, attachée par un bout à une grosse pierre, et de l'autre à son pied droit, afin de ne pouvoir sortir de là, quand il l'auroit voulu. Mais dans la suite, se rendant aux avis de Melèce, vicaire du patriarche d'Antioche, qui l'étoit venu voir, il fit venir sur-le-champ un ouvrier pour détacher cette chaîne.

Ce fut alors que sa réputation commença à se répandre de tous côtés. On lui amenoit plusieurs malades, et on le prioit de les guérir. Ceux qui avoient obtenu ce qu'ils demandoient, publioient partout ses bienfaits : ce qui en attiroit encore un plus grand nombre, qui s'empressoient autour de lui pour le toucher. Siméon, pour se délivrer de cette foule de monde qui interrompoit sa prière, s'avisa de se placer sur une colonne. D'abord il en fit faire une de 6 coudées de haut ; ensuite une de 12, puis une de 22, et enfin une de 36. C'est ce qui lui a fait donner le surnom de *Stylite*, d'un mot grec qui signifie une colonne.

THÈME CXCI.

Plusieurs blâmoient un genre de vie si extraordinaire; quelques-uns s'en moquoient; d'autres outrageoient le Saint comme un imposteur. Les solitaires d'Egypte allèrent jusqu'à vouloir se séparer de sa communion. Mais ayant ensuite reconnu le doigt de Dieu dans une pareille conduite, on ne put s'empêcher de l'admirer.

Siméon sur la colonne s'occupoit à prier, tantôt debout, tantôt incliné, quelquefois les mains étendues. Sa prière duroit tous les jours depuis le coucher du soleil jusqu'à trois heures après midi du jour suivant. Depuis cette heure jusqu'au soir, il instruisoit les assistans, répondoit à ceux qui le consultoient, guérissoit les malades, terminoit les différends, et réconcilioit les ennemis. Il étoit de facile accès, doux et agréable, répondant à tout le monde, fût-ce un artisan, un paysan, ou un mendiant. Il convertit plusieurs milliers d'infidèles de diverses nations qui, après l'être venus voir par le seul motif de la curiosité, s'en retournoient chrétiens. Il étoit consulté par les évêques et les empereurs sur les affaires de l'Eglise, auxquelles il s'intéressa toujours vivement. Il parloit avec beaucoup de liberté aux magistrats et aux évêques mêmes touchant leurs devoirs. Du reste, il étoit si humble, qu'il se croyoit le dernier des hommes.

THÈME CXCII.

Siméon ne manquoit pas de dire à ceux qu'il avoit délivrés de leurs maladies : « Si on vous demande qui vous a guéri, dites que c'est Dieu : gardez-vous de parler de Siméon : autrement, je vous avertis que vous retomberez dans le même mal. »

Dieu appela à lui cet incomparable pénitent vers l'an de J. C. 460, à l'âge d'environ 69 ans ; il en avoit passé 37 sur la colonne. Son heure étant venue, il s'inclina pour prier. Trois jours se passèrent sans qu'on le vît se relever. Antoine son disciple en étant étonné, monta à lui et le trouva mort. Aussitôt il fit avertir l'évêque d'Antioche, qui, étant venu accompagné de trois autres évêques, transporta le saint corps à Antioche, au milieu d'une grande foule de peuple qui chantoit des hymnes et des psaumes.

Telle a été la vie de saint Siméon-Stylite. On ne la propose pas aux Fidèles comme un exemple à suivre, mais comme un sujet d'admirer la sagesse et la puissance de Dieu, qui conduit quelquefois ses élus par des routes tout-à-fait extraordinaires, et qui opère en eux, malgré la foiblesse de la chair, des merveilles que le reste des hommes peut à peine croire, bien loin de pouvoir les imiter ou les comprendre.

THÈME CXCIII.

Paul, premier ermite, naquit dans la Basse-Thébaïde, province de l'Egypte. Comme il avoit de grands biens, il fit ses études et se rendit fort habile dans les sciences des Grecs et des Romains. La persécution de Dioclétien l'ayant obligé de se cacher, Dieu lui inspira le dessein de renoncer à tout pour aller s'enfoncer dans la solitude. Après avoir fait bien du chemin, il trouva au pied d'une montagne une grande caverne dont l'entrée étoit fermée d'une pierre. Ayant ouvert cette caverne par curiosité, il trouva dedans comme un grand salon, ouvert par-dessus, et ombragé d'un vieux palmier qui étendoit ses branches. Une fontaine très-claire en sortoit, et formoit un petit ruisseau qui rentroit presque aussitôt dans la terre.

Paul regardant ce lieu comme la demeure que la Providence lui avoit destinée, s'y arrêta, résolu d'y passer le reste de ses jours. Le palmier de la caverne lui fournissoit le vivre et le vêtement. Quand il eut atteint l'âge de 43 ans, Dieu fit pour le nourrir, un miracle qu'il continua jusqu'à sa mort. Un corbeau lui apportoit tous les jours la moitié d'un pain comme au prophète Elie. Paul, dans sa profonde retraite, n'étoit occupé qu'à prier et à méditer les vérités éternelles.

THÈME CXCIV.

Paul vécut ainsi jusqu'à l'âge de 113 ans, connu de Dieu seul; et il seroit demeuré inconnu à toute la postérité, s'il n'avoit plu à Dieu de le découvrir un peu avant sa mort, de la manière que je vais rapporter.

Saint Antoine, âgé de 90 ans, vivoit depuis long-temps dans une autre solitude de la Thébaïde. Il lui vint un jour en pensée que nul autre que lui n'avoit mené dans le désert la vie d'un parfait solitaire. La nuit suivante il lui fut révélé qu'il y en avoit un plus avant dans le désert, qui étoit beaucoup meilleur que lui, et qu'il falloit l'aller voir. Sitôt que le jour parut, le saint vieillard se mit en chemin. Après avoir marché deux jours entiers, et passé la nuit suivante en prière, il aperçut à la petite pointe du jour une louve qui se couloit le long du pied de la montagne, cherchant quelque ruisseau pour s'y désaltérer. Après l'avoir suivie des yeux, il arriva à une caverne dont l'entrée étoit fort obscure. Il y entra en marchant doucement et sans bruit, retenant son haleine, et s'arrêtant de temps en temps pour écouter. Enfin, ayant aperçu de loin quelque lumière, il se hâta; mais ayant heurté du pied contre quelque pierre, il fit du bruit.

THÈME CXCV.

Paul n'eut pas plus tôt entendu le bruit qu'il ferma la porte au verrou. Alors Antoine s'étant jeté par terre devant le seuil de la porte, y demeura jusqu'après midi, le conjurant d'ouvrir et lui disant : « Vous sa-
» vez qui je suis, d'où je viens et pourquoi
» je suis venu ici. Je sais et je ne crains pas
» d'avouer que je ne mérite pas de vous voir.
» Toutefois je ne m'en irai pas sans vous
» avoir vu. Si je ne puis l'obtenir, je suis
» résolu de mourir à votre porte : au moins
» vous enterrerez mon corps. » A la fin Paul lui ouvrit sa porte. Ils s'embrassèrent en se saluant par leur nom, sans avoir jamais ouï parler l'un de l'autre, et ils rendirent ensemble grâces à Dieu. Après le saint baiser, tous deux s'étant assis, Paul qui n'avoit parlé à aucun homme depuis quatre-vingt-dix ans, commença ainsi : « Voici celui que vous
» avez cherché avec tant de peine ; que voyez-
» vous ? Un corps cassé de vieillesse, cou-
» vert de cheveux blancs et négligés, un
» homme sur le point d'être réduit en pou-
» dre. Mais, apprenez-moi, je vous prie,
» comment va le genre humain. Fait-on de
» nouveaux bâtimens dans les anciennes
» villes ? Comment le monde est-il gou-
» verné ? y a-t-il encore des hommes assez
» aveugles pour adorer les démons ? »

THÈME

THÈME CXCVI.

Comme ils s'entretenoient de la sorte, ils virent un corbeau perché sur un arbre, qui, volant doucement, vint mettre devant eux un pain tout entier, et se retira. « Voyez, » dit saint Paul, la bonté du Seigneur, qui » nous a envoyé à dîner. Il y a soixante ans » que je reçois tous les jours la moitié d'un » pain ; mais à votre arrivée, J. C. a doublé » la portion. » Ayant fait la prière, ils s'assirent sur le bord de la fontaine pour prendre leur repas ; après quoi ils passèrent toute la nuit à prier et à chanter des psaumes.

Le jour étant venu, Paul dit à Antoine : « Mon frère, je savois il y a long-temps que » vous demeuriez en ce pays ; et Dieu me » l'ayant promis, j'avois toujours espéré de » ne point mourir sans vous avoir vu. Mais » parce que l'heure de mon repos est arri» vée, il vous a envoyé ici pour couvrir » mon corps de terre. » Alors Antoine se mit à pleurer et à soupirer, en le conjurant de ne le pas abandonner, mais plutôt de l'emmener avec lui au séjour des bienheureux. Paul n'étant pas maître de lui accorder ce qu'il lui demandoit, se contenta de lui représenter qu'il ne devoit point préférer son avantage particulier à celui de ses frères qui avoient encore besoin tant de ses instructions que de ses exemples.

THÈME CXCVII.

Paul pria Antoine d'aller quérir, s'il pouvoit, le manteau dont lui avoit fait présent Athanase, évêque d'Alexandrie; et de l'apporter pour l'ensevelir. Ce n'est pas que Paul se souciât beaucoup que son corps fût enseveli; mais il vouloit épargner à Antoine la douleur qu'il n'auroit pas manqué de ressentir, s'il l'eût vu rendre le dernier soupir. Antoine, étonné de ce qu'il venoit de lui dire d'Athanase et du manteau, crut voir J. C. présent en lui, et adora l'esprit de Dieu dont il étoit rempli. Après lui avoir baisé les yeux et les mains, sans oser rien répliquer, il partit tout baigné de ses larmes, pour retourner à son monastère.

Il y arriva fort fatigué et tout hors d'haleine. Deux de ses disciples qui le servoient depuis long-temps, étant venus au-devant de lui, lui demandèrent où il avoit demeuré si long-temps. « Ah! malheureux pécheur que » je suis! répondit Antoine, je ne suis pas » digne de porter le nom de solitaire: j'ai » vu Elie, j'ai vu Jean dans le désert; j'ai » vu Paul dans le paradis. » Il n'en dit pas davantage; et se frappant la poitrine, il tira le manteau de sa cellule. Ses disciples le priant de s'expliquer, il se contenta de répondre: « Il y a temps de parler et temps » de se taire; » et étant sorti sans prendre aucune nourriture, il s'en retourna par le même chemin.

THÈME CXCVIII.

Antoine étoit dans l'impatience d'arriver; il n'avoit que Paul dans l'esprit et devant les yeux, et craignoit qu'il ne mourût avant son retour. C'est ce qui arriva. Le lendemain matin, il vit, au milieu des Anges, des Prophètes et des Apôtres, Paul monter au ciel tout éclatant de lumière. Aussitôt il se jeta le visage contre terre, et dit en fondant en larmes : « Paul, pourquoi me quittez-» vous ? Falloit-il vous connoître si tard pour » vous perdre sitôt ? » Il se remit en chemin, marchant le plus vite qu'il pouvoit. Quand il fut arrivé à la caverne, il trouva le corps à genoux, la tête levée, et les mains étendues vers le ciel. Croyant d'abord qu'il étoit vivant et qu'il prioit, il se mit aussi à prier. Mais ne l'entendant point soupirer, comme il avoit remarqué qu'il faisoit en priant, il s'approcha pour l'embrasser, et reconnut qu'il étoit mort. Ayant enveloppé le corps, il le tira hors de la caverne; mais il n'avoit point d'instrument pour creuser la terre. Comme il étoit fort affligé, ne sachant quel parti prendre, deux lions accoururent à lui du fond du désert. Ils vinrent se coucher auprès du corps mort, rugissant comme pour témoigner leur douleur. Puis s'étant mis à gratter la terre avec leurs ongles, ils firent une fosse capable de contenir un homme. Antoine ayant mis le corps dans la fosse, le couvrit de terre. La mort de cet admirable solitaire arriva l'an 341 ou 342.

THÈME CXCIX.

On ne sait ni en quel temps, ni en quel lieu saint Arcade souffrit le martyre. Tout ce qu'on sait, c'est qu'il confessa J. C. dans une ville de Mauritanie, et pendant une très-violente persécution. Car on cherchoit les Chrétiens dans toutes les maisons ; et tous ceux qu'on trouvoit, étoient traînés aux autels des idoles ou au supplice. Arcade, pour mettre sa foi en sûreté, n'hésita pas d'abandonner sa maison, et alla se cacher dans une solitude écartée, où il servoit Dieu dans les veilles, le jeûne et la prière. Les persécuteurs étant entrés dans sa maison, y trouvèrent un de ses parens, que le gouverneur fit mettre en prison, jusqu'à ce qu'il eût déclaré en quel lieu Arcade étoit caché. Arcade l'ayant appris, sortit aussitôt du lieu de sa retraite, et ne craignit pas d'aller se présenter au gouverneur. « Si c'est à cause
» de moi, lui dit-il, que vous retenez mon
» parent prisonnier, je viens me mettre moi-
» même entre vos mains pour vous déclarer
» ce que vous voulez savoir, et ce qu'il ne
» pouvoit vous apprendre. Relâchez-le donc
» maintenant, et je promets de vous rendre
» compte de tout. » Le gouverneur dit à Arcade qu'il pardonnoit à son parent, et qu'il lui pardonneroit à lui-même, s'il vouloit sacrifier aux dieux.

THÈME CC.

« Savez-vous, répondit Arcade au gou-
» verneur, ce que c'est qu'un serviteur de
» Dieu? C'est un homme qui ne se laisse ni
» affoiblir par l'amour de la vie, ni ébranler
» par la crainte de la mort. C'est J. C. qui
» est sa vie, et la mort est un gain pour lui.
» Imaginez donc les plus affreux supplices ;
» quelqu'horribles qu'ils soient, ils ne seront
» pas capables de nous abattre ; et vous
» verrez que rien ne peut nous séparer de
» notre Dieu, et que bien loin de redouter
» la mort, nous la désirons ardemment. »

Le gouverneur, piqué de ce discours, mit la constance d'Arcade à l'épreuve des plus affreux tourmens. Il lui fit couper l'un après l'autre, et à plusieurs reprises, les doigts, les mains, les bras et les jambes. Le saint martyr, au milieu de ces supplices qui faisoient frémir les spectateurs et les bourreaux mêmes, ne laissoit pas de montrer toujours la même constance ; et loin de se plaindre, il ne cessoit de louer Dieu, et de lui demander le salut de ceux qui le faisoient souffrir. Enfin, réduit à n'être plus qu'un tronc sans membres, et baigné dans son sang, il rendit son esprit à Dieu, étant tout à la fois le martyr de la foi chrétienne et de la charité fraternelle.

l'aima toujours comme son fils, et qui le destinoit pour être son successeur.

Saint Maxime, dans la persécution qu'eut à souffrir l'Eglise sous l'empereur Dèce, en 250, se défiant humblement de soi-même et de la foiblesse de son corps cassé de vieillesse, crut devoir prendre la fuite, après avoir confié à Félix le soin de son troupeau. Les persécuteurs ayant cherché inutilement l'évêque, tournèrent toute leur fureur contre le prêtre Félix qu'on regardoit comme le plus ferme appui de la religion chrétienne dans la ville de Nole. N'ayant voulu ni s'enfuir, ni se cacher, il fut pris et mené devant le magistrat, qui le fit mettre en prison. Ses mains et son cou furent chargés de chaînes, ses pieds étendus et enfermés dans des entraves, et on le coucha sur des morceaux pointus de pots cassés.

Cependant le saint évêque Maxime qui s'étoit retiré dans des montagnes désertes, couché sur des épines, exposé aux injures de l'air, et vivement inquiet pour son troupeau, étoit sur le point de mourir de faim et de froid; car sa chair conservoit à peine quelques restes de vie et de chaleur. Il n'étoit soutenu que par sa foi; et malgré tant de maux qui l'accabloient, il ne laissoit pas de prier jour et nuit pour ses brebis.

THÈME CCIV.

Dieu qui a promis de ne pas abandonner ses fidèles serviteurs, ne manqua pas d'assister le saint évêque. Au milieu de la nuit, un Ange vint dans la prison de Félix, environné d'une grande lumière, et lui ordonna, de la part de Dieu, d'aller secourir son évêque. Félix, croyant d'abord que c'étoit un songe, répondit à l'Ange, que bien loin qu'il fût en son pouvoir de sortir, les chaînes dont il étoit chargé l'empêchoient même de remuer. Mais l'Ange lui ayant commandé de se lever, les fers tombent aussitôt de ses mains et de son cou, il tire ses pieds des entraves ; et les portes s'étant ouvertes, il passe au milieu des gardes, sans qu'aucun d'eux s'éveille, et par des chemins inconnus il arrive au lieu où étoit le saint évêque près de rendre le dernier soupir. L'ayant reconnu, il l'embrasse ; mais il le trouve froid, sans pouls et sans mouvement ; il restoit seulement un peu de respiration. Félix a beau faire tout ce qu'il peut pour le réchauffer. Il lui falloit donner de la nourriture, et Félix n'en avoit point. S'étant donc adressé à Dieu, il aperçoit une grappe de raisin que Dieu avoit fait naître tout d'un coup sur des ronces. Il la prend, et desserrant avec peine les dents du vieillard, il fait couler le jus de la grappe dans sa bouche ; le malade ayant repris un peu de vigueur, recouvre aussitôt la parole.

THÈME CCV.

Maxime n'eut pas de la peine à reconnoître Félix ; et après l'avoir embrassé, il le pria de le reporter à son troupeau. Félix, l'ayant aussitôt chargé sur ses épaules, le porte chez lui où il arrive avant le jour. Une vieille femme qui servoit le saint évêque, reçut son maître avec autant de joie qu'elle avoit été accablée de douleur en le voyant partir. Félix étant retourné dans sa maison, y demeura caché, priant Dieu ardemment de faire cesser la persécution.

La paix ayant été rendue à l'Eglise, Félix sortit de sa retraite, et fut reçu par les Fidèles de Nole, comme un homme venu du ciel ; tant sa vertu le rendoit respectable. Quelque riche qu'il fût avant la persécution, tant en maisons qu'en fonds de terre, il fut réduit à une extrême pauvreté, attendu qu'ayant été proscrit, il perdit tous les biens dont il avoit hérité de son père. Il n'est pas douteux qu'il n'eût pu se soustraire à une si affreuse indigence ; il n'auroit même tenu qu'à lui de rentrer dans ses biens ; mais, malgré les exhortations de ses amis, il ne voulut pas entreprendre un juste procès pour les recouvrer ; tant il faisoit peu de cas des richesses. Il voulut vivre et mourir pauvre pour mieux ressembler à J. C. Dieu l'appela à lui quelque temps avant le règne de Dioclétien, c'est-à-dire avant l'an 284.

THÈME CCVI.

Macaire naquit dans la Haute-Egypte, vers l'an 300, de parens si pauvres, qu'il fut occupé dans sa jeunesse à garder les bœufs. Il eut un jour le malheur d'aller avec d'autres enfans voler des figues. Quoiqu'il n'en eût mangé qu'une, Dieu lui ayant fait comprendre dans la suite combien le péché même le plus léger est horrible à ses yeux, il eut tant de douleur de sa faute, quelqu'excusable qu'elle puisse nous paroître, qu'il la pleura toute sa vie.

Ayant compris de bonne heure combien il étoit important pour lui de s'occuper de son salut, il se retira d'abord dans une cellule près d'un village, et ensuite dans un désert. Son exemple attira peu à peu plusieurs personnes dans cette solitude, toute affreuse qu'elle étoit. C'est ce qui fut cause qu'à l'âge de 40 ans il se laissa ordonner prêtre.

Un jour un de ses disciples, à l'heure de midi, se sentant brûler de soif, lui demanda la permission de boire de l'eau. Que ne vous contentez-vous d'être à l'ombre? lui dit Macaire : car à l'heure que je vous parle, combien de gens qui voyagent tant à la campagne que sur la mer, sont privés même de ce soulagement ! prenez courage, mon fils, j'ai passé vingt ans entiers sans jamais ni boire ni manger, ni dormir autant que j'aurois voulu.

THÈME CCVII.

Il faut, disoit saint Macaire à ses disciples, qu'un solitaire s'applique au jeûne, comme s'il étoit assuré d'avoir encore cent ans à vivre, et qu'il réprime au contraire ses passions, oublie les injures, résiste à la tristesse, et supporte les pertes et les douleurs, comme s'il devoit mourir ce jour même. La première pensée empêchera le solitaire de se relâcher de sa pénitence, sous prétexte de l'infirmité de son corps ; et la vue d'une mort prochaine lui fera mépriser également les biens et les maux de cette vie.

Saint Macaire étant un jour en oraison, entendit une voix qui lui disoit : « Macaire, » tu n'es pas encore parvenu au même degré » de vertu que deux femmes qui vivent en- » semble dans une ville voisine. » Il n'eut pas plus tôt entendu cette voix, que prenant son bâton, il alla dans cette ville. Ayant trouvé la maison de ces deux femmes, et y étant entré, il s'assit avec elles, et leur dit : « c'est pour vous voir que je suis venu » du fond du désert en cette ville ; c'est » pour savoir ce que vous faites, et comment » vous vivez. Je vous prie de m'en infor- » mer. »

« Très-saint père, lui répondirent-elles, » quelles bonnes œuvres peut-on attendre de » deux femmes engagées dans le mariage ? »

THÈME CCVIII.

Macaire s'étant mis à presser les deux femmes de lui déclarer comment elles vivoient, elles lui dirent : «Nous avons épousé
» deux frères, et il y a quinze ans que nous
» demeurons ensemble. Depuis ce temps-là
» nous ne nous souvenons pas d'avoir pro-
» féré une seule parole libre ; et tant s'en
» faut que nous ayions eu la moindre dis-
» pute, qu'au contraire nous avons toujours
» vécu dans la plus parfaite union. N'ayant
» rien tant à cœur que de nous retirer dans
» un monastère, nous n'avons pas manqué
» de faire tout ce que nous avons pu pour
» nous mettre en liberté ; mais nos maris
» n'ayant pas voulu y consentir, nous n'avons
» eu garde de nous retirer malgré eux. Mais
» nous nous sommes promis l'une à l'autre,
» en la présence de Dieu, de ne dire jamais
» aucune parole mondaine tant que nous vi-
» vrons. » Saint Macaire ayant entendu ce discours, s'écria : « qu'il est vrai que Dieu
» ne regarde point si l'on est vierge ou
» femme mariée, si l'on est moine ou sécu-
» lier ! Il ne considère que le cœur ; et il
» donne l'esprit-saint à tous ceux qui veu-
» lent le servir, de quelque condition qu'ils
» soient. »

Notre Saint eut le bonheur, aussi bien que plusieurs solitaires d'Egypte, de souffrir pour la foi de la divinité de Jésus-Christ. Ayant été enlevé durant la nuit, on l'emmena dans une île d'Egypte, où il n'y avoit pas un seul Chrétien. Dans la suite étant revenu dans sa solitude, il y mourut âgé de 90 ans.

THÈME CCIX.

Antoine naquit l'an de Jésus-Christ 251, dans un village de la Haute-Egypte. Ses parens, non moins distingués par leur vertu que par leur noblesse et les grands biens qu'ils possédoient, eurent soin de le faire élever chrétiennement. Son père et sa mère étant morts, lorsqu'il n'étoit âgé que de dix-huit ou vingt ans, il prit soin de sa sœur encore fort jeune, et se chargea de l'administration des biens que leurs parens leur avoient laissés en héritage. Environ six mois après, Antoine étant entré dans l'église au moment qu'on lisoit ces paroles de J. C. à un jeune homme riche : « Si vous voulez » être parfait, allez, vendez tout ce que » vous avez, et le donnez aux pauvres, et » vous aurez un trésor dans le ciel, puis » venez et me suivez; » il prit pour lui ces paroles; et aussitôt qu'il fut sorti de l'église, il distribua les terres de son patrimoine, vendit une partie des meubles dont il donna le prix aux pauvres, et réserva l'autre pour l'entretien de sa sœur. Peu après étant entré dans l'église, et ayant entendu ces autres paroles de Jésus-Christ : « Ne soyez pas en » peine pour le lendemain, » il donna aux pauvres le peu qu'il avoit réservé, mit sa sœur entre les mains de quelques vierges chrétiennes de sa connoissance, quitta sa maison, et se retira d'abord dans une cellule près de son village, pour s'y consacrer tout entier à la prière et à la pénitence.

THÈME CCX.

Antoine travailloit de ses mains ; et c'est ce qu'il observa toujours, sachant, dit saint Athanase, auteur de sa vie, que celui qui ne travaille point, ne doit point manger. Il ne retenoit de son travail que ce qu'il lui falloit pour vivre, et donnoit le reste aux pauvres. Il prioit très-souvent, parce qu'il avoit appris qu'il faut prier sans cesse. Il lisoit ou écoutoit les lectures avec tant d'attention, que rien ne lui échappoit, et sa mémoire ensuite lui tenoit lieu de livres.

Pour terrasser le démon, il veilloit jusqu'à passer souvent les nuits entières sans fermer l'œil. Il ne mangeoit qu'une fois le jour, ou de deux en deux jours, après le soleil couché : quelquefois il passoit trois jours entiers sans manger. Sa nourriture étoit du pain et du sel, et il ne buvoit que de l'eau. Son lit étoit une natte ; mais le plus souvent il couchoit sur la terre toute nue. Il avoit pour habillement un cilice, un manteau de peau de mouton, une ceinture et un capuce. Dans la suite, ayant quitté sa cellule, il alla loin de son village s'enfermer dans un tombeau. Qui pourroit dire combien il y fut horriblement tourmenté par les démons ? mais malgré leur rage, il remporta toujours sur eux la victoire.

THÈME CCXI.

Enfin, à l'âge de 30 ans, il prit la résolution de se retirer dans le désert. Après avoir passé le Nil, il s'arrêta dans un vieux château abandonné depuis long-temps. Il en ferma la porte qu'il n'ouvroit jamais à personne. On lui apportoit du pain deux fois l'année ; car, dans la Thébaïde, on en faisoit qui se conservoit même un an entier sans se corrompre. Il passa près de vingt années dans cette retraite sans sortir, ni se laisser voir, toujours exposé aux plus violentes attaques du démon, mais toujours victorieux par le jeûne et par la prière. A la fin, comme plusieurs personnes désiroient avec ardeur d'imiter sa manière de vivre, et le pressoient de venir les assister de ses conseils, il en sortit comme d'un sanctuaire où il s'étoit consacré à Dieu, et rempli de son esprit. Dieu fit par lui plusieurs miracles, et lui donna des paroles de grâce et de salut pour consoler les affligés, et réconcilier les ennemis. Il avoit soin d'exhorter tous ceux qui le venoient voir, à penser sérieusement à l'éternité ; et plusieurs, touchés par ses exhortations, ne balancèrent pas à abandonner leurs biens pour embrasser la vie solitaire. Tous honoroient Antoine comme leur père, et se soumettoient à sa conduite.

THÈME CCXII.

« Mes enfans, disoit Antoine à ses disciples, bien loin de nous ennuyer de la longueur du travail, tâchons au contraire de nous montrer de jour en jour plus fervens, comme si nous ne faisions que de commencer. N'ayons garde d'oublier qu'après avoir travaillé quelques années sur la terre, nous devons recevoir dans le ciel une récompense qui ne finira jamais. Ne perdons jamais de vue la mort et le jugement dernier. Pensons en nous éveillant que nous ne vivrons pas jusqu'au soir, et en nous allant coucher, que nous ne verrons pas le lendemain. Alors, loin d'obéir à nos passions, nous ne penserons qu'à les réprimer. »

L'empereur Maximin renouvela en 311 la persécution contre les Chrétiens. Antoine ayant appris quels ravages faisoit cette persécution dans l'Égypte, et particulièrement à Alexandrie, ne balança pas à quitter sa solitude pour aller dans cette ville chercher le martyre : car il lui tardoit d'être affranchi pour toujours des misères de la vie, et il brûloit du désir de mourir pour J. C. Rien ne put l'empêcher de visiter ceux qui étoient en prison, et d'accompagner ceux qu'on menoit devant les juges. Il encourageoit les uns et les autres à demeurer fermes dans la foi, et à mériter la couronne du martyre.

THÈME CCXIII.

Le juge voyant quel étoit le courage d'Antoine et de ceux qui étoient avec lui, fit défense à tous les solitaires de séjourner dans la ville. Tous les autres aussitôt se cachèrent. Pour Antoine, on eut beau l'engager à se cacher aussi ; il eut si peu d'égard à l'ordonnance du juge, que dès le lendemain il se plaça en un lieu élevé, d'où il se fit voir au juge, lorsqu'il vint à passer avec toute sa suite. Dieu ne permit pas que le juge pensât à le faire arrêter. Il persista donc à assister les martyrs à l'ordinaire ; et la persécution ayant cessé, il retourna à son monastère.

Dieu rendit alors Antoine si célèbre par le don des miracles, qu'on venoit à lui de tous côtés pour être guéri de diverses maladies, ou délivré de la possession du démon. Il n'avoit pas plus tôt invoqué le nom de J. C., que les malades et les possédés étoient délivrés. Quelquefois il demeuroit enfermé dans son monastère, sans vouloir ouvrir à personne. Mais alors même plusieurs étoient guéris en se tenant dehors et priant avec foi. À la fin, craignant de tirer vanité des merveilles que Dieu opéroit par lui, il se retira le plus secrètement qu'il put dans le fond du désert.

THÈME CCXLV.

Antoine eut beau vouloir cacher sa retraite, on ne laissa pas de le venir voir. Il recevoit tous ceux qui avoient recours à lui, tant pour le consulter que pour être guéris de leurs maladies. Il descendoit de la montagne pour leur parler; mais dès qu'il avoit accompli ce que la charité demandoit de lui, il se hâtoit de retourner dans sa solitude. Comme un jour quelques personnes de distinction tâchoient de le retenir, il prit congé d'elles, malgré leurs instances, et leur dit agréablement: Comme les poissons meurent lorsqu'ils sont long-temps sur la terre, de même les solitaires, en s'arrêtant avec vous, sentent affoiblir leur piété. Ainsi nous ne devons pas avoir moins d'impatience de retourner dans la solitude, que le poisson de rentrer dans l'eau.

Tel étoit son zèle pour la pureté de la foi et pour l'unité de l'Eglise, qu'il regardoit avec horreur tous les hérétiques et les schismatiques, et surtout les Ariens. Il exhortoit tout le monde à n'avoir, non plus que lui, aucune communication avec eux, disant que leurs paroles étoient plus dangereuses que le venin des serpens.

THÈME CCXV.

Antoine alla une seconde fois à Alexandrie, à la prière de saint Athanase et des evêques catholiques, pour confondre les Ariens qui avoient eu la hardiesse de publier qu'Antoine tenoit leur doctrine. Il y rendit hautement témoignage à la doctrine de Jésus-Christ, et anathématisa leur hérésie. Toute la ville ne manqua pas d'accourir pour le voir; les païens même s'empressoient de le toucher : et il en convertit un très-grand nombre au christianisme.

Sa réputation alla jusqu'à la cour de l'empereur Constantin. Ce prince et ses enfans lui écrivirent comme à leur père, et témoignèrent un grand désir de recevoir de ses lettres. Antoine parut peu touché d'un honneur dont tant d'autres n'eussent pas manqué d'être flattés. « Ne vous étonnez pas, » dit-il aux solitaires, si un empereur qui » n'est lui-même qu'un homme mortel m'é» crit; mais ce qui doit vous paroître éton» nant, c'est que Dieu ait écrit une loi pour » les hommes, et qu'il nous ait parlé par » son Fils. »

Il fut visité plusieurs fois par des philosophes païens. Pour les confondre, et leur prouver l'absurdité de l'idolâtrie et la divinité de la religion chrétienne, il délivra à leurs yeux deux hommes possédés du démon, par l'invocation du nom de J. C. et par le signe de la croix, après les avoir défiés d'en faire autant par la force de leurs syllogismes.

THÈME CCXVI.

Antoine sachant que sa fin étoit proche, alla encore visiter ses frères, et leur dit qu'il venoit les voir pour la dernière fois. A ces mots, ils se mirent tous à pleurer et à embrasser le saint vieillard qui leur parloit de sa mort avec la même joie que ressent un homme qui va quitter un pays étranger pour retourner dans sa patrie. Voici les derniers avis qu'il leur donna : « Mes chers enfans, » leur dit-il, vivez comme si vous deviez » mourir chaque jour. N'ayez rien tant à » cœur que de conserver vos ames pures ; » efforcez-vous d'imiter les Saints ; n'ayez » garde d'avoir aucun commerce avec les hé-» rétiques, et demeurez fermes dans la » foi. » Les frères eurent beau le conjurer de demeurer avec eux, il ne voulut point y consentir ; et après leur avoir dit adieu, il s'en retourna sur sa montagne, n'étant accompagné que de deux disciples qui le servoient depuis quinze ans, à cause de sa vieillesse. Quelques mois après, étant tombé malade, il rendit l'esprit avec une joie qui paroissoit encore empreinte sur son visage après sa mort. Il mourut dans la 105.e année de son âge, et la 356.e de J. C.

THÈME CCXVII.

Sébastien, né à Narbonne, fut élevé à Milan. De Milan il alla à Rome, et ayant embrassé la profession des armes, on l'éleva bientôt aux charges militaires, tant sa bonté, sa sincérité, sa prudence et plusieurs autres bonnes qualités le faisoient aimer de tout le monde. Malgré son peu d'inclination, ou pour mieux dire, malgré sa répugnance pour l'art militaire, il ne laissa pas d'embrasser cette profession, dans l'intention de servir les Chrétiens dans les persécutions qu'on leur suscitoit, et il cacha sous un habit de militaire, l'esprit d'un humble chrétien et d'un généreux soldat de J. C. Comme on observoit d'autant moins ses actions, qu'on ne le regardoit pas comme chrétien, il vaquoit aux œuvres de charité, sans donner d'ombrage aux païens. Il visitoit sans rien craindre ceux qui étoient dans les prisons pour la foi, et les encourageoit au martyre, et prenant même occasion de là de prêcher J. C. aux idolâtres, il en convertit plusieurs qui, après avoir reçu le baptême, furent couronnés par le martyre. Dioclétien étant venu à Rome en 285, après s'être rendu maître de l'empire, prit Sébastien en affection, et le mit à la tête de la première compagnie des gardes qu'il vouloit laisser à Rome.

THÈME CCXVIII.

SÉBASTIEN s'étoit conduit avec tant de discrétion, que personne ne le soupçonnoit encore d'être chrétien. Il continua donc de servir l'Eglise de J. C. avec le même zèle qu'auparavant ; et pendant une violente persécution qui s'éleva contre les Fidèles de Rome, plusieurs encouragés par ses exhortations, eurent le bonheur de mourir pour Jésus-Christ. Pour lui, il étoit dans l'impatience de les suivre ; c'est ce qui arriva l'an 288. On découvrit qu'il étoit chrétien, et que c'étoit lui qui affermissoit les autres contre la crainte des supplices et de la mort. L'empereur en fut averti ; et l'ayant fait venir, il lui reprocha son peu de reconnoissance pour les bienfaits qu'il avoit reçus de lui. Sébastien lui répondit que loin de s'être montré ingrat, il n'avoit point cessé de prier pour sa personne et pour l'empire ; mais qu'il avoit adressé ses prières au Dieu qui est dans le ciel, et à J. C., et non à des idoles et à des pierres. Dioclétien, au lieu d'admirer cette réponse, en fut si irrité qu'il donna ordre qu'on attachât Sébastien à un poteau pour être percé de flèches. Ce qui ayant été exécuté, on le laissa pour mort ; de sorte qu'une sainte femme, nommée Irène, étant venue pour l'enterrer, fut fort étonnée de le trouver encore vivant.

THÈME CCXIX.

Irène emmena Sébastien dans sa maison, où il ne tarda pas d'être guéri de toutes ses blessures. Les Chrétiens qui le venoient voir eurent beau le conjurer de se retirer. Loin de se rendre à leurs avis, après avoir invoqué le secours de Dieu, il alla se placer sur un escalier par où l'empereur devoit passer; et s'étant présenté devant lui, il lui reprocha avec liberté l'injustice qu'il commettoit en persécutant les Chrétiens. Dioclétien fut d'autant plus surpris de le voir, qu'il le croyoit mort, de sorte qu'il pouvoit à peine en croire ses yeux; mais le Saint l'assura que c'étoit lui-même, et que J. C. lui avoit rendu la vie, afin qu'il lui vînt protester devant tout le monde que c'étoit une extrême injustice de persécuter les Chrétiens. L'empereur ne pouvant soutenir de tels reproches, le fit assommer à coups de bâton, et on jeta son corps dans un cloaque. Une femme chrétienne l'en ayant tiré, lui donna la sépulture. On bâtit depuis une église sur son tombeau. En 680, Rome fut délivrée d'une grande peste par son intercession. C'est de là qu'est venue la coutume d'invoquer ce Saint en temps de peste.

On ne peut être fidèle à J. C., sans être fidèle à son prince. On doit sa vie au prince, mais on doit son ame à J. C.

THÈME

THÈME CCXX.

On croit communément que sainte Agnès souffrit le martyre à Rome sous Dioclétien, l'an 304 ou 305 de J. C. Sa rare beauté fut cause que plusieurs jeunes hommes, d'un rang distingué, la recherchèrent en mariage, lorsqu'à peine elle avoit atteint la 13.e année de son âge. Mais ayant déjà consacré sa virginité à J. C., elle rejeta constamment toutes les propositions qu'on lui fit pour le mariage. Quelques-uns de ceux qui avoient été refusés en eurent un tel dépit, qu'ils la firent arrêter sous prétexte qu'elle étoit chrétienne.

Agnès parut devant le juge, qui tenta toutes sortes de moyens pour la faire renoncer à la foi; mais elle méprisa également ses caresses et ses menaces. Elle souffrit avec le plus grand courage les chaînes de fer dont on la chargea, et elle déclara qu'elle étoit prête à endurer tous les supplices et le feu même dont on la menaçoit, ne doutant point que J. C. son époux ne lui donnât la force d'en supporter la rigueur. Après l'avoir traînée aux autels des faux dieux, on voulut la forcer d'offrir de l'encens aux idoles; elle confessa hautement le nom de J. C., et l'on ne put lui faire remuer la main que pour imprimer sur elle le signe de la croix.

THÈME CCXXI.

Le juge voyant qu'elle bravoit tous les supplices, loin de les redouter, n'eut pas honte de lui dire que si elle refusoit d'adorer Minerve, il alloit la faire conduire dans un lieu infâme. Agnès, sans être épouvantée de cette menace, répondit que J. C. étoit le gardien de sa chasteté, et qu'il ne permettroit pas qu'on profanât un corps qui lui étoit consacré. Le juge irrité l'y fit aussitôt conduire. Mais Dieu la protégea si visiblement, qu'aucun n'eut la hardiesse de s'approcher d'elle, ni même de la regarder, à l'exception d'un jeune débauché qui, étant plus hardi que les autres, voulut arrêter ses yeux sur elle. Il en fut puni sur-le-champ, et renversé par terre à demi-mort. Pour Agnès, elle chantoit des hymnes et rendoit grâces à J. C. Le juge se voyant vaincu, la condamna à avoir la tête coupée. Agnès, loin de trembler, entendit prononcer cet arrêt avec joie. Elle alla au lieu de l'exécution avec un courage et une promptitude merveilleuse; et après avoir fait sa prière, elle reçut le coup qui lui assura pour l'éternité la double couronne de la virginité et du martyre.

Sainte Agnès aime mieux perdre la vie de son corps, que sa chasteté. Que les Chrétiens apprennent d'elle à se priver des plaisirs, pour conserver la pureté de leur cœur.

THÈME CCXXII.

Vincent étoit né à Sarragosse (1), ville d'Espagne. Après avoir été instruit dans les sciences et dans la piété, Valère, évêque de cette ville, le fit diacre de son Eglise. Ce prélat, aussi distingué par son éminente sainteté que par ses lumières, ayant de la difficulté à parler, chargea Vincent d'instruire son peuple; et le saint diacre s'acquittoit de ce ministère avec beaucoup de fruit. L'Espagne avoit alors pour gouverneur Dacien, l'un des plus cruels ennemis du christianisme. Les empereurs Dioclétien et Maximien ayant publié des édits sanglans contre les Chrétiens, Dacien fit prendre l'évêque Valère et Vincent son diacre, et les fit amener chargés de chaînes à Valence, où il étoit. On ne sauroit dire combien de fatigues ils eurent à essuyer dans la route. Lorsqu'ils furent arrivés, Dacien les laissa long-temps en prison et commanda qu'on leur donnât fort peu à manger, dans le dessein d'abattre leur courage en affoiblissant leur corps. A la fin, les ayant fait venir devant lui, il employa d'abord les promesses et les menaces pour les porter à sacrifier.

---

(1) Cæsaraugusta, *g.* æ, *f.*

THÈME CCXXIII.

VALÈRE ne répondant rien, Vincent lui dit : « Mon père, si vous me l'ordonnez, je » répondrai. — Mon cher fils, dit Valère, » comme je vous ai confié la parole de » Dieu, je vous charge aussi de venger la » foi que nous soutenons ici. » Alors Vincent ne craignit pas de déclarer qu'étant chrétiens ils étoient prêts à tout souffrir pour le vrai Dieu. Dacien se contenta d'envoyer l'évêque en exil. Pour Vincent, il le fit appliquer à la question. On l'attacha sur le chevalet, et on l'étendit avec tant de violence, que ses os en furent tous disloqués et ses membres presque arrachés. On lui déchira le dos et les côtes avec des ongles de fer, en sorte qu'on lui voyoit le foie et les entrailles. Le Martyr, malgré de si cruels tourmens, ne laissoit pas de montrer un visage tranquille et serein, et se railloit même de la foiblesse du gouverneur et de ses ministres. Dacien s'en prit aux bourreaux et les fit battre, croyant que c'étoit par leur faute qu'il ne sentoit pas les tourmens. Ils le saisirent donc à deux différentes fois, après avoir laissé refroidir ses plaies. Mais ils eurent beau s'y prendre de toutes les manières pour contenter la rage de Dacien, rien ne fut capable d'ébranler la constance du saint martyr. Dacien vaincu fit cesser la torture, et dit au Saint que, puisqu'il ne vouloit point sacrifier, il se contenteroit qu'il lui livrât les livres sacrés pour être jetés au feu.

THÈME CCXXIV.

Vincent ne pouvant contenir son indignation, eut le courage de répondre à Dacien que les feux où il vouloit jeter les saints livres étoient bien plus justement déstinés pour punir son impiété ; qu'au reste il le prioit de ne le point épargner, et qu'il craignoit plus sa fausse compassion que sa rigueur.

Cette réponse ayant mis Dacien en fureur, il condamna Vincent à une nouvelle question, la plus cruelle qu'on puisse imaginer. Il fit mettre du feu sous un gril de fer; on étendit le Martyr sur ce gril, auquel on l'attacha avec des chaînes de fer, et tandis que le brasier ardent brûloit son corps au-dessous, on lui appliquoit des lames de fer toutes rouges sur les membres et la poitrine. On jetoit du sel sur ses plaies, et une partie de ce sel tombant dans le feu, réjaillissoit sur son corps, et le pénétroit jusqu'aux os. Malgré de si cuisantes douleurs, le Martyr, sans faire éclater le moindre soupir, demeuroit immobile, les yeux levés vers le ciel, l'esprit tranquille et tout occupé de Dieu. Le gouverneur voyant qu'il ne gagnoit rien fit cesser la question, et renvoya le Martyr en prison. On le mit par son ordre dans un cachot semé de têts de pots cassés, sur lesquels on le coucha, les pieds étendus dans les entraves.

K 3

THÈME CCXXV.

Le cachot se trouva tout d'un coup éclairé d'une lumière céleste, les entraves rompues, les têts changés en fleurs, et le saint Martyr, unissant sa voix à celle des Anges, se mit à chanter les louanges de Dieu. Les gardes n'eurent pas plus tôt entendu ces divins cantiques que, regardant par les fentes de la porte, ils virent le Saint qui se promenoit en chantant. Ce miracle les frappa tellement, que sans différer un seul moment ils se convertirent.

Il n'en fut pas de même de Dacien : averti de ce qui s'étoit passé, et voulant ôter au Martyr la gloire de mourir dans les tourmens, il commanda qu'on le mît sur un lit mollet, et il permit qu'on lui donnât toutes sortes de soulagemens. Les Fidèles ne l'eurent pas plus tôt appris, qu'on les vit accourir à la prison. Après avoir baisé ses plaies, ils les essuyoient avec des linges, pour garder son sang chez eux, ne doutant point que ce ne fût une bénédiction pour leurs familles. A peine on eut couché le saint Martyr sur le lit, qu'il rendit son ame à Dieu. Dacien ayant fait jeter le corps dans un champ pour être mangé des bêtes, Dieu envoya un corbeau qui le défendit contre les autres oiseaux, et chassa même un loup qui vouloit en approcher. Dacien, bien loin de céder à ce prodige, fit jeter le corps en haute mer, cousu dans un sac, attaché à une meule ; mais au lieu d'enfoncer, il flotta toujours sur l'eau; et les vagues l'ayant apporté sur le rivage, les Fidèles, avertis par une révélation divine du lieu où il étoit, n'eurent rien de plus pressé que d'aller le chercher; et après l'avoir enlevé secrètement, ils l'enterrèrent dans une petite église.

THÈME CCXXVI.

Saint Jean qui, pour sa charité envers les pauvres, a mérité d'être surnommé l'aumônier, naquit dans l'île de Chypre, au 6.ᵉ siècle de l'Eglise. Ses parens eurent soin de le faire élever chrétiennement. Il se maria; mais ayant perdu sa femme et ses enfans, il profita de sa liberté pour se livrer plus fortement que jamais à la pratique des vertus chrétiennes et au soulagement des pauvres. Il jouissoit d'une si grande réputation de sainteté, que les habitans d'Alexandrie le demandèrent pour évêque; et, malgré sa résisistance, il fut élevé sur le siége de cette église, l'an 609, à l'âge de plus de 50 ans.

Il ne fut pas plus tôt arrivé à Alexandrie, qu'il donna ordre à ses officiers de faire la visite par toute la ville, et de lui apporter un mémoire exact de tous ses maîtres. On ne comprenoit pas ce qu'il vouloit dire; et ses officiers ne pouvant deviner quels pouvoient être les maîtres d'un patriarche d'Alexandrie, le prièrent de s'expliquer. Il leur répondit : « Ceux qu'il vous plaît d'appeler pauvres et

» mendians, je les appelle mes maîtres et
» mes protecteurs; car c'est à eux qu'il ap-
» partient de nous secourir auprès de Dieu,
» et de nous ouvrir le ciel. » Après avoir
fait une exacte perquisition, on lui apporta
la liste des pauvres qui montoit au moins à
sept mille cinq cents. Il donna ordre sur-le-
champ qu'on leur distribuât chaque jour de
quoi vivre ; ce qui fut exécuté.

THÈME CCXXVII.

On donna avis au saint Patriarche
d'Alexandrie, que plusieurs de ses diocé-
sains, opprimés par des personnes puissantes
en crédit et en richesses, n'osoient s'adresser
à lui pour lui demander justice. C'est ce
qui lui fit prendre la résolution de donner
publiquement audience deux fois la semaine.
Il écoutoit avec bonté tous ceux qui se
présentoient ; et, sans différer, il leur donnoit satisfaction. « Car, disoit-il aux per-
» sonnes de piété qui l'accompagnoient, si,
» tout méprisables que nous sommes, nous
» avons la liberté d'entrer à toute heure
» dans la maison du Seigneur, et d'adresser
» nos prières à cette souveraine majesté,
» que ne devons-nous pas faire pour ceux
» qui sont nos frères, et les serviteurs du
» même maître ? »

Un jour ayant attendu jusqu'à onze heures
du matin sans que personne se présentât
à son audience, il ne put s'empêcher de
verser des larmes en se retirant. Le

bienheureux Sophrone lui demanda pourquoi il pleuroit. « C'est, dit-il, que je
» n'ai rien aujourd'hui à offrir à J. C. pour
» mes péchés. — Que ne vous réjouissez-
» vous plutôt, répondit Sophrone, d'avoir
» si bien établi la concorde et la paix dans
» votre troupeau, qu'ils vivent ensemble
» comme des Anges, sans avoir aucun
» différend ? »

Le saint Patriarche, vivement touché d'une telle réponse, rendit grâces à Dieu d'avoir ainsi béni son travail.

THÈME CCXXVIII.

Comme saint Jean sortoit un jour de la ville d'Alexandrie pour aller à une église des Martyrs, une femme vint se prosterner devant lui, pour demander justice contre son gendre. Ceux qui accompagnoient le saint patriarche lui conseilloient de renvoyer cette femme, disant qu'à son retour il examineroit son affaire. Mais il leur répondit : « Comment puis-je espérer d'être
» exaucé du Seigneur, si je diffère d'écouter
» cette femme ? Qui m'a promis que demain
» je serai en vie ? » Ainsi il l'expédia sur-le-champ.

Un homme riche d'Alexandrie ayant ouï dire que le saint Patriarche, malgré les immenses revenus de son évêché, n'avoit qu'un petit lit avec une méchante couverture de laine toute déchirée, lui en envoya une qu'il avoit achetée fort cher, et le conjura de s'en servir pour l'amour de lui. Le Saint, pour ne pas le désobliger, voulut s'en couvrir la nuit suivante; mais il passa la nuit sans dormir, tellement il se faisoit à lui-même de vifs reproches d'être couché à son aise, tandis que tant de pauvres mouroient de froid et de misère. Le lendemain il envoya vendre la couverture. Le riche, après l'avoir rachetée, la lui rendit. Le Saint la vendit une seconde fois et même une troisième, et lui dit agréablement : « Nous verrons qui des deux cédera plus » tôt à l'autre. »

THÈME CCXXIX.

Un seigneur puissant avoit depuis longtemps une haine mortelle contre un autre, sans vouloir entendre parler de réconciliation. Le saint Patriarche avoit essayé plus d'une fois de l'adoucir, sans avoir pu rien obtenir. Il le pria un jour de le venir voir, comme pour lui parler de quelque affaire, et l'engagea à entendre la messe dans sa chapelle, où il ne laissa entrer avec ce seigneur, que celui qui devoit servir à l'autel. Comme ils récitoient tous ensemble l'Oraison dominicale, quand il fallut prononcer ces mots : *pardonnez-nous nos offenses*, le saint Patriarche se tut, et fit signe au ministre de se taire aussi, de sorte que le seigneur prononça seul ces paroles : « pardonnez-nous nos offenses, comme nous » pardonnons à ceux qui nous ont offensés. »

Alors le Saint, se tournant de son côté, lui dit avec beaucoup de douceur : « Pensez, » je vous prie, à ce que vous venez de » dire à Dieu. » Ces paroles furent comme un coup de foudre qui terrassa ce seigneur. Il se jeta aussitôt aux pieds du saint évêque, et se réconcilia très-sincèrement avec son ennemi.

Le saint Patriarche donna un jour, de sa propre main, une grosse somme d'argent à un ancien domestique réduit à une extrême pauvreté. Cet homme lui témoignant sa reconnoissance de la manière la plus touchante, le Saint lui dit cette belle parole : « Mon » frère, je n'ai pas encore répandu mon sang » pour vous, comme J. C. mon maître et » notre Dieu me le commande. »

THÈME CCXXX.

Je ne puis m'empêcher de rapporter de quelle manière le saint Patriarche vengea un outrage fait à son neveu par un hôtelier d'Alexandrie. Le jeune homme en étoit outré de douleur, et tout le monde disoit qu'une telle insolence devoit être punie. Le Patriarche, pour consoler son neveu, lui dit : « Est-il possible qu'il y ait eu quelqu'un assez » hardi pour ouvrir la bouche contre vous ? » Ne doutez point, mon fils, que je n'exerce » aujourd'hui à son égard une vengeance » qui remplira d'étonnement toute la ville » d'Alexandrie. » Ces paroles qui sembloient annoncer quelque punition d'éclat,

apaisèrent le jeune homme. Alors le saint Patriarche l'embrassa et lui dit : « Mon
» fils, si vous êtes véritablement mon ne-
» veu, vous devez être prêt à essuyer
» toutes sortes d'outrages de la part de
» tout le monde ; car ce n'est pas la chair
» et le sang, mais la ressemblance de
» l'esprit et de la vertu, qui fait la véri-
» table parenté. » En même temps il donna ordre qu'on remît à cet homme tout ce qu'il devoit, tant à lui-même qu'à l'Eglise. Les assistans, étonnés au-delà de ce qu'on peut dire, n'eurent pas de la peine à comprendre alors ce que le Saint avoit voulu dire à son neveu, en lui annonçant qu'il alloit exercer envers son ennemi une vengeance qui ne manqueroit pas de surprendre toute la ville.

THÈME CCXXXI.

Plus le saint Patriarche donnoit aux pauvres, plus Dieu sembloit lui ouvrir ses trésors, afin qu'il eût toujours de quoi donner. Le gouverneur Nicétas ayant appris qu'on lui apportoit de l'argent de tout côté, alla le trouver ; et après lui avoir représenté quelles guerres l'empire avoit à soutenir contre tant de peuples barbares, il le pressa de verser l'argent qu'il avoit dans le trésor public. « Il ne m'est pas
» permis, répondit le Saint, de vous donner
» ce qui a été offert au Seigneur ; mais
» voilà le coffre où je mets l'argent de

» Jésus-Christ, faites ce que vous voudrez. »
Aussitôt le gouverneur ayant appelé ses gens, fit enlever l'argent, et ne laissa au Saint que cent écus. Comme il descendoit, il rencontra des gens qui montoient, portant plusieurs petites cruches pleines d'argent, qu'on envoyoit d'Afrique au Patriarche. Il ne put s'empêcher d'en lire les étiquettes. Il y avoit sur les unes : miel excellent ; sur les autres : miel tiré sans feu. Comme il savoit que le Patriarche n'étoit pas homme à se rappeler une injure, il le pria de lui envoyer de ce miel. Le Saint ne fit pas difficulté d'envoyer une de ces cruches à Nicétas, et lui fit remettre un petit billet conçu en ces termes : « Dieu qui nous a promis de ne » point nous abandonner, ne sauroit men- » tir. » Nicétas fut si touché, que sur-le-champ il fit reporter tout l'argent chez le Patriarche, en y ajoutant une somme considérable. Il alla même se jeter à ses pieds, en le conjurant d'obtenir de Dieu pour lui le pardon de sa faute.

THÈME CCXXXXII.

Le Nil qui fait toute la fertilité de l'Egypte, ne s'étant pas débordé comme à l'ordinaire, la grande cherté des vivres épuisa bientôt le trésor de l'Eglise. Le saint Patriarche emprunta de plusieurs bons Chrétiens jusqu'à mille livres d'or. Après qu'il les eût employées, comme chacun craignoit pour soi, on ne vouloit plus lui rien prêter. Il s'adressa alors à Dieu, et lui demanda de quoi nourrir les pauvres qui mouroient de faim. Bientôt après, on vint lui annoncer que deux des plus grands vaisseaux de l'église qu'il avoit envoyés en Sicile venoient d'arriver au port, chargés de blé.

Cette famine fut suivie d'une mortalité. Tant qu'elle dura, le saint Patriarche ne cessa d'assister, tant les malades que les mourans. Quand il vit Alexandrie sur le point d'être livrée aux Perses, il passa dans l'île de Chypre, où il mourut après avoir dicté son testament en ces termes : « Je vous rends grâces, mon Dieu, de ce » que vous avez exaucé ma prière, et qu'a- » près avoir trouvé près de huit mille livres » d'or dans la maison épiscopale, sans » compter les sommes immenses qui m'ont » été confiées par les serviteurs de J. C., il » ne me reste qu'un tiers de sou, que je » veux qu'on donne aux pauvres, parce » qu'il ne vous appartient pas moins que » tout le reste. » Il mourut l'an 617 de J. C., âgé d'environ 58 ans.

THÈME CCXXXIII.

Saint François naquit de parens d'une naissance illustre, et d'une piété encore plus éminente. Il fit ses premières études à Annecy (1); de là il fut envoyé à Paris

---

(1) Anneceium, *g.* ii, *n.*

pour y etudier la rhétorique, la philosophie et la théologie; de Paris il fut envoyé à Padoue pour y étudier en droit. On ne sauroit croire à combien de dangers il y fut exposé. Combien de fois de jeunes libertins tendirent des piéges à sa chasteté! il n'en fut délivré que par le secours de Dieu, en qui seul il mettoit sa confiance. Dans la crainte d'être attaqué de nouveau, il redoubla ses prières, ses travaux et ses austérités. Il en devint malade à la mort, et ce ne fut que par une espèce de miracle qu'il recouvra la santé.

Après qu'il eut achevé ses études, son père l'engagea à se marier. Dans le même temps il fut nommé sénateur par le duc de Savoie. Ce fut alors que François, obligé de s'expliquer, déclara à son père qu'il avoit pris la résolution d'embrasser l'état ecclésiastique, pour se consacrer tout entier à Dieu. Ses parens eurent d'autant plus de peine à y consentir, qu'il étoit l'aîné de leurs enfans.

THÈME CCXXXIV.

FRANÇOIS, après avoir reçu la prêtrise, parut un homme rempli de l'esprit apostolique, et tout brûlant de zèle pour le salut des ames. Il prêchoit le plus rarement qu'il pouvoit dans la ville, tant il craignoit d'être applaudi. Mais on le voyoit parcourir les bourgs et les villages pour instruire les pauvres gens de la campagne, dont plusieurs

vivoient dans une profonde ignorance de la religion. Lorsque dans la suite il fut près d'entrer dans le Chablais (1), il se jeta à genoux, et fit sa prière à Dieu en versant beaucoup de larmes; puis ayant embrassé tendrement Louis son parent qui l'accompagnoit, il lui dit: « Nous n'entrons dans ce
» pays que pour y faire la fonction des
» Apôtres, et nous y réussirons d'autant
» mieux, que nous serons plus fidèles à les
» imiter. Renvoyons donc nos chevaux, et
» marchons à pied, en nous contentant du
» nécessaire. » On ne sauroit s'imaginer combien François eut à souffrir dans ce pays. On lui fermoit les hôtelleries, et il étoit obligé de coucher à l'air: on lui refusoit tout, et le pain même pour de l'argent: on le traitoit de magicien et de sorcier; et la fureur de ses ennemis alla jusqu'à aposter plusieurs fois des hommes pour l'assassiner.

THÈME CCXXXV.

Rien ne fut capable de rebuter François; et ce que ses discours n'avoient pu faire d'abord, sa douceur, sa patience et les exemples admirables de sa vie le firent peu à peu. Les hommes les plus aveugles et les plus endurcis se laissèrent enfin gagner, et revinrent à l'Eglise. En peu d'années l'exercice de la religion catholique fut rétabli dans le Chablais et dans la plus grande partie du

---

(1) Caballicus, ager, g. i, agri. m.

diocèse de Genève. L'évêque, vivement touché d'un tel progrès, d'autant plus merveilleux, qu'on n'avoit presque osé l'espérer, résolut de demander François pour son coadjuteur, et il lui communiqua son dessein, lorsqu'il fut de retour à Annecy. Le saint prêtre connoissoit trop bien les devoirs et les dangers de l'épiscopat, pour ne pas redouter un tel fardeau. Il ne put se résoudre à l'accepter, malgré les vives instances que lui en fit son évêque. Il eut besoin d'y être contraint par l'autorité. Le prélat lui ayant ordonné d'accepter la charge qu'il lui proposoit, François fut long-temps à délibérer sur le parti qu'il prendroit. Enfin la crainte de paroître rebelle tant à Dieu qu'à son évêque l'emporta. Mais à peine il eut donné son consentement, qu'il fut pénétré de la plus vive douleur.

THÈME CCXXXVI.

François, élevé sur le siége de Genève, étoit vêtu aussi simplement que jamais. Il ne porta jamais d'étoffes de soie, ou d'autres trop éclatantes. On ne servoit sur sa table que des viandes communes, à moins qu'il ne survînt quelque personne de distinction. Tous les jeux étoient interdits à ses domestiques : il vivoit avec eux, comme un père avec ses enfans. Il s'appliqua surtout à instruire la jeunesse, sachant que de là dépendoit tout le fruit du travail des pasteurs. Il examinoit lui-même avec la plus grande exactitude ceux qui se présentoient aux saints ordres, et n'y admettoit personne qu'il ne fût instruit, et d'une conduite irréprochable. On lui représentoit quelquefois que son diocèse manquoit de prêtres, et il le savoit bien; mais la réponse qu'il faisoit, c'étoit que l'Eglise n'avoit pas tant besoin de prêtres que de bons prêtres, et qu'il falloit prier le maître de la moisson d'y envoyer des ouvriers. En visitant son diocèse, pour rassembler dans la bergerie tant de brebis égarées et perdues qui n'avoient peut-être jamais ouï la voix de leur pasteur, il marchoit à pied dans les déserts affreux, grimpoit sur des hauteurs presque inaccessibles, au péril de rouler dans des précipices, si le pied fût venu à lui manquer.

THÈME CCXXXVII.

Saint François parloit aux pauvres gens de la campagne avec tant de bonté, qu'ils en étoient attendris jusqu'aux larmes. Il entroit dans leurs peines, les assistoit de tout son pouvoir; et souvent on le vit se dépouiller d'une partie de ses habits pour en revêtir des pauvres, quand il n'avoit plus rien à leur donner. Un jour les députés d'un hameau vinrent le trouver à trois lieues de là, et lui apprirent que des rochers s'étant détachés des montagnes, avoient écrasé plusieurs villages et grand nombre d'habitans, avec quantité de troupeaux; qu'étant réduits par cet accident à la dernière pauvreté, ils étoient hors d'état de payer les tailles ; ils le supplièrent d'envoyer quelques personnes pour vérifier toutes choses, afin qu'il pût ensuite écrire en leur faveur. François s'offrit lui-même ; et comme ils lui représentoient que le chemin étoit impraticable, il leur demanda s'ils n'en étoient pas venus, ils répondirent qu'ils étoient de pauvres gens accoutumés à de pareilles fatigues : « Et moi, » répliqua le saint évêque, je suis votre » père, obligé de pourvoir par moi-même à » vos besoins. » Il partit avec eux à pied, et il mit un jour entier à faire les trois lieues. Etant arrivé, il trouva des gens manquant de tout et réduits à une affreuse misère : il mêla ses larmes avec les leurs, les consola, leur donna tout l'argent qu'il avoit apporté, écrivit en leur faveur au duc de Savoie, et en obtint tout ce qu'il demanda.

THÈME CCXXXVIII.

La charité de saint François attiroit tout le monde ; et l'on a vu des gens faire cent vingt lieues pour s'adresser à lui. Voici ce qui lui arriva à Lyon où il s'étoit rendu pour quelques affaires. Il reçut par un inconnu un billet où il ne trouva que ces mots : « Si » vous ne venez me confesser au plus tôt, » vous répondrez de mon ame devant Dieu. » François assigna un monastère (1) où il promit de se rendre dans un moment. En

(1) De la Visitation.

approchant, il vit un valet qui tenoit deux chevaux par la bride. Il entra dans le parloir, où il trouva un homme d'une taille haute et qui avoit l'air rude et étranger. Il étoit habillé en cavalier, et portoit un manteau de campagne dont il se couvroit le visage pour n'être pas connu. Il reçut le saint évêque sans beaucoup de cérémonie : et dès qu'il le vit dans le parloir, il ferma les fenêtres et la porte, et prit la clef, après avoir coupé la corde de la sonnette, pour n'être pas interrompu. François regardoit attentivement à quoi aboutiroient toutes ces précautions, lorsque l'étranger, l'ayant prié de s'asseoir, se jeta à ses pieds, et lui dit qu'il étoit général d'ordre; qu'il vivoit dans une licence effroyable, et que ses mauvais exemples avoient entraîné ses religieux dans les mêmes désordres; il ajouta qu'ayant entendu parler de sa charité pour les Pénitens, il étoit venu d'un pays éloigné pour lui faire une confession de toute sa vie. Il se confessa en effet, en répandant beaucoup de larmes et avec toutes les marques d'un cœur vraiment contrit. Il s'en retourna changé en un autre homme, sans être connu de personne que du saint évêque.

THÈME CCXXXIX.

Sur la fin de l'an 1618, François fut obligé de venir à Paris avec le cardinal de Savoie qui étoit chargé de conclure le mariage du prince de Piémont avec Christine de France. La princesse choisit d'elle-même le saint évêque pour son premier aumônier. Il l'en remercia d'abord. Mais la princesse qui estimoit autant que qui que ce soit la vertu de François, le pressa tant d'accepter cette charge, qu'à la fin il donna son consentement ; mais à condition que cette charge ne l'empêcheroit point de résider dans son diocèse, et que, lorsqu'il n'en feroit point les fonctions, il n'en recevroit point les appointemens : « Vous avez une » conscience trop scrupuleuse, lui dit alors » la princesse ; si je veux vous donner vos » appointemens, lors même que vous ne me » servirez pas, quel mal ferez-vous de les » accepter ? — Madame, répondit-il, je me » trouve bien d'être pauvre ; je redoute les » richesses. Je crains qu'après en avoir » perdu tant d'autres, elles ne viennent à » me perdre aussi. » La princesse fut obligée de consentir aux deux conditions ; et sur-le-champ, comme pour l'investir de sa charge, elle lui fit présent d'un diamant d'un grand prix, en lui disant : « C'est à » condition que vous le garderez pour » l'amour de moi. — Je vous le promets, » Madame, lui répondit-il, à moins que

» les pauvres n'en aient besoin. — En ce
» cas, dit la princesse, contentez-vous de
» l'engager, et j'aurai soin de le dé-
» gager. — Je craindrois, Madame, ré-
» partit François, que cela n'arrivât trop
» souvent, et que je n'abusasse de votre
» bonté. »

THÈME CCXL.

L'ÉCONOME voyant son maître donner tout, jusqu'à ses habits, ne craignoit pas de le quereller, et menaçoit de le quitter. Mais François lui disoit avec douceur : « Vous avez raison, je suis un incorrigible, » et qui pis est, j'ai bien l'air de l'être » long-temps. » Quelquefois il lui montroit son crucifix, et lui disoit : « Peut-on rien » refuser à un Dieu qui s'est ainsi livré à » la mort pour l'amour de nous ? » L'économe le quittoit tout confus ; et quand il rencontroit les autres domestiques, il leur disoit : « Notre maître est un Saint ; mais » il nous mènera tous à l'hôpital ; et il ira » lui-même le premier, s'il continue comme » il a commencé. »

Quand les apostats et les pécheurs les plus abandonnés avoient recours à lui, il leur ouvroit sa bourse, son cœur et ses entrailles. « Venez, mes chers enfans, leur » disoit-il, venez afin que je vous embrasse. » La seule chose que je vous demande, » c'est de ne point désespérer de votre » salut. » Comme quelques personnes se scandalisoient d'un tel procédé : « Ne voyez-vous pas, leur disoit-il, que ce sont mes brebis ? Notre-Seigneur leur a donné tout son sang ; comment leur refuserois-je mes larmes ? Je ne doute point qu'un jour ces loups ne se changent en agneaux. »

Le saint évêque fut obligé d'accompagner le duc de Savoie à Avignon. d'Avignon il se rendit à Lyon où il mourut le 28 décembre, l'an 1622. Son corps fut porté à Annecy ; mais on garda son cœur à Lyon.

THÈME CCXLI.

Nicéphore étoit né, comme on croit, dans la ville d'Antioche. Il n'étoit que laïque, et intime ami d'un prêtre nommé Saprice. Ils vivoient ensemble dans une si parfaite union, qu'on les eût pris pour deux frères. Mais il arriva, par je ne sais quel malheur, que leur amitié se changea en une haine si envenimée, qu'ils se fuyoient l'un l'autre. Cela dura assez long-temps. Enfin Nicéphore rentra en lui-même ; et faisant réflexion que la haine est un vice diabolique, il pria quelques-uns de leurs amis communs d'aller trouver le prêtre Saprice, pour le conjurer d'avoir égard à son repentir et de lui pardonner. Mais, qui le croiroit ? Saprice ne voulut pas entendre parler de réconciliation. Nicéphore, sans se rebuter, envoya vers lui une seconde fois et même une troisième ; mais il ne put rien obtenir. Enfin, il alla le trouver lui-même, et, se jetant à ses pieds, il lui dit: » Pardonnez-moi, mon père, pour l'amour » de Notre-Seigneur. » Mais ce prêtre se montra si endurci, qu'il ne voulut pas même lui parler.

Cependant la persécution (1) arriva. Saprice fut pris et conduit au gouverneur qui l'interrogea selon la coutume. Saprice répondit sans hésiter qu'il étoit chrétien et prêtre.

THÈME CCXLII.

Le gouverneur menaça Saprice de la mort, s'il n'obéissoit en sacrifiant aux dieux. Saprice lui dit: « Pour nous Chrétiens, nous » avons pour roi J. C., le seul vrai Dieu, » créateur du ciel et de la terre: périssent » les idoles qui ne peuvent faire ni bien ni » mal. » Le juge irrité le fit mettre à une longue et rude question. Saprice la soutint avec une constance étonnante, et dit à son juge: « Vous avez pouvoir sur mon corps, » mais non sur mon ame: elle ne dépend » que de J. C. son créateur. » Enfin le gouverneur voyant qu'il ne pouvoit l'abattre, le condamna à perdre la tête.

Nicéphore n'eut pas plus tôt appris qu'on le menoit au supplice, qu'il courut au-devant de lui, et se jeta à ses pieds, en disant: « Martyr de Jésus-Christ, par- » donnez-moi, si je vous ai offensé. »

---

(1) Sous Valérien.

Saprice

Saprice ne lui répondit pas un mot. Nicéphore le prévint encore dans une autre rue, avant qu'il sortît de la ville, et lui dit : « Je vous en prie, Martyr de J. C., pardonnez-moi la faute que j'ai commise, puisque vous allez recevoir la couronne de la main du Seigneur que vous venez de confesser. » Mais Saprice demeura dans son endurcissement sans vouloir lui parler.

Les bourreaux se moquoient de Nicéphore en disant : « Nous n'avons jamais vu un si sot homme que toi. Il va perdre la tête, et tu ne laisses pas de lui demander grâce ! — Vous ne savez pas, répondit Nicéphore, ce que je demande à ce confesseur de J. C.; mais Dieu le sait. »

THÈME CCXLIII.

Lorsque Saprice fut arrivé au lieu du supplice, Nicéphore fit un dernier effort pour fléchir la dureté de son cœur; mais ce fut en vain. Dieu donc ferma à ce prêtre endurci l'entrée du royaume du ciel. Les bourreaux lui ayant dit de se mettre à genoux pour avoir la tête tranchée : « Ne me frappez pas, répondit Saprice changé tout d'un coup; je suis prêt à obéir aux empereurs et à sacrifier aux dieux. » Nicéphore entendant ces tristes paroles, lui dit : « Non, mon frère, n'apostasiez pas, et ne renoncez pas Notre-Seigneur Jésus-Christ, ne perdez pas la couronne que vous avez gagnée par tant de tourmens. »

Mais Saprice ne l'écouta pas. Nicéphore le voyant perdu s'écria : « Je suis Chrétien, et » je crois en Notre-Seigneur Jésus-Christ » que celui-ci vient de renoncer : faites-moi » donc mourir à sa place. » C'est par ce moyen que Nicéphore voulut réparer l'injure que cet infortuné prêtre venoit de faire à Jésus-Christ, et apprendre aux païens quelle est la force de sa grâce. Cependant les bourreaux n'osèrent le frapper sans en avoir reçu l'ordre du gouverneur. Un d'eux courut l'avertir que Saprice avoit promis de sacrifier, mais qu'il y en avoit un autre qui vouloit mourir pour le Christ, qu'il disoit tout haut qu'il étoit Chrétien, et que jamais il ne sacrifieroit aux dieux. Le gouverneur ordonna que sans différer on lui coupât la tête : ce qui fut exécuté. C'est ainsi que Nicéphore alla recevoir dans le ciel la récompense de sa foi, de sa charité et de son humilité, et remporta la couronne dont Saprice s'étoit rendu indigne.

THÈME CCXLIV.

Moïse, homme d'une grandeur prodigieuse et d'une force de corps extraordinaire, étoit d'Éthiopie. Il n'eut dans sa jeunesse que de mauvaises inclinations. Il fut d'abord esclave d'un bourgeois qui le chassa de sa maison à cause de ses larcins et de ses déréglemens ; dans la suite il devint chef d'une troupe de voleurs, et commit plusieurs meurtres. On raconte que pendant qu'il menoit cette vie criminelle, étant un jour animé contre un berger dont les chiens l'avoient empêché d'exécuter un mauvais dessein, il le chercha partout pour le tuer. Ayant su qu'il étoit de l'autre côté du Nil, qui avoit en cet endroit mille pas de large, il mit ses habits sur sa tête, prit son épée entre les dents, et passa ainsi ce fleuve à la nage. Le berger l'ayant vu venir se sauva. Moïse n'ayant pu décharger sur lui sa colère, tua quatre de ses meilleurs moutons, qu'il attacha à une corde, et repassa le Nil en les tirant après lui. Etant arrivé à un petit village, il les écorcha, en prit le meilleur pour manger, et vendit le reste avec les peaux pour avoir du vin, qu'il but en très-grande quantité; puis il alla rejoindre ses compagnons qui l'attendoient à quinze lieues de là.

Tel étoit Moïse laissé à lui-même : il vécut ainsi jusqu'à l'âge de 25 ou 30 ans. Ce fut alors que Dieu jeta sur lui un regard de miséricorde pour le tirer de cet abîme de misère. Dieu le toucha si puissamment, que, renonçant tout d'un coup à ses désordres, il se retira dans un désert pour y faire pénitence.

THÈME CCXLV.

Il n'y avoit pas long-temps que Moïse s'étoit converti, lorsque quatre voleurs qui ne le connoissoient pas, vinrent se jeter sur lui. Moïse qui avoit encore toute sa force, malgré la rigueur de ses jeûnes, les prit tous quatre, les lia comme une botte de paille, et les porta sur ses épaules, de sa cellule où il se trouvoit tout seul, jusqu'à l'église où les frères étoient assemblés. « Voici, dit-il, des gens qui m'ont atta- » qué : comme il ne m'est pas permis de » faire du mal à personne, je viens savoir » de vous ce qu'il vous plaît que j'en fasse. » Ces voleurs confus avouèrent leur faute devant Dieu ; et ayant su que celui qui les avoit traités de la sorte étoit Moïse, ce fameux chef de voleurs, ils glorifièrent le nom de Jésus-Christ, et son exemple les ayant portés à renoncer au monde, ils devinrent d'excellens solitaires.

Moïse, rempli de l'esprit de charité et tout occupé de ses propres misères, n'avoit garde de juger facilement les autres. On raconte qu'un solitaire ayant commis quelque grande faute, les pères s'assemblèrent pour délibérer sur ce qu'il y avoit à faire. Ce ne fut que malgré lui que Moïse se rendit à l'assemblée ; mais il y alla portant sur son dos un panier plein de sable. Les autres solitaires fort étonnés lui demandèrent ce que c'étoit : « Ce sont, dit-il, mes » péchés que je porte derrière moi, et que » je ne vois pas; et l'on me fait venir ici » pour juger les péchés des autres. » Cette parabole fit rentrer chacun en soi-même, et personne n'osa condamner le coupable.

THÈME CCXLVI.

Le désert qu'habitoit saint Moïse étoit assez près d'une nation féroce et très-cruelle, de sorte que les solitaires étoient continuellement exposés aux courses de ces barbares; sur quoi Moïse leur disoit : « Si nous observons les règlemens de nos pères, plein de confiance en Dieu, j'ose vous promettre que les barbares ne viendront point ici. Que si nous nous relâchons, nous avons tout lieu de craindre que ce lieu-ci ne soit désolé. » Ce qu'il avoit prédit arriva. Un jour que Moïse s'entretenoit avec les solitaires, il leur dit : « Les barbares viendront ici aujourd'hui; allez, prenez la fuite. — Et vous, notre père, lui dirent-ils, ne vous enfuyez-vous pas aussi? — Il y a bien long-temps, répartit-il, que j'attends ce jour-ci pour vérifier ces paroles de J. C. mon Seigneur : tous ceux qui frappent de l'épée, mourront par l'épée. » Il vouloit dire, qu'ayant autrefois commis des meurtres, il s'attendoit, selon la parole de J. C., de finir ses jours par une mort violente. Les frères lui dirent : « Nous ne nous enfuirons pas non plus, et nous mourrons avec vous. — Je n'en suis pas la cause, répartit le Saint; c'est à vous de voir ce que vous avez à faire. » Pendant qu'ils s'entretenoient ainsi, les barbares vinrent fondre sur eux, et les tuèrent tous, à l'exception d'un seul qui, par crainte, s'étoit caché derrière des nattes. Telle fut la fin de saint Moïse à l'âge de 75 ans, au commencement du cinquième siècle.

THÈME CCXLVII.

Phocas (1) naquit à Sinope (2), ville du Pont. A la porte de cette ville, il avoit un jardin qu'il s'occupoit à cultiver avec tant de soin qu'il avoit, non-seulement de quoi vivre, mais encore de quoi assister les pauvres. Sa petite maison étoit ouverte à tous ceux qui vouloient y loger. Dieu récompensa sa charité par la grâce du martyre; et Phocas, après avoir fait si libéralement part aux pauvres de J. C. du fruit de son travail, fut trouvé digne de donner son sang même et sa vie pour J. C. Il s'éleva, vraisemblablement sous l'empereur Dioclétien, une cruelle persécution contre la religion chrétienne. On recherchoit partout les Chrétiens comme des scélérats; et on n'épargnoit aucun de ceux sur qui on pouvoit mettre la main. Phocas, malgré l'obscurité de sa profession, étoit si connu, par sa piété et sa charité envers les pauvres, qu'il fut dénoncé aux persécuteurs comme Disciple de J. C. Ce prétendu crime parut suffisamment prouvé par la notoriété, de sorte qu'on ne crut pas devoir observer à son égard les formalités

---

(1) Phocas, g. æ. m.
(2) Sinope, g. es. f.

de justice. On envoya donc des gens qui avoient ordre de le faire mourir sur-le-champ. Les exécuteurs ne voulant entrer dans la ville qu'après s'être assurés de sa demeure, afin de le prendre plus aisément, allèrent loger, sans le savoir, chez celui-là même qu'ils cherchoient.

THÈME CCXLVIII.

Phocas reçut avec charité les gens qui le cherchoient, comme il avoit coutume de recevoir les étrangers. Ils ne lui dirent rien d'abord sur le sujet de leur voyage; mais Phocas leur ayant demandé pendant le repas ce qui les amenoit à la ville, ils crurent que pour se montrer reconnoissans envers leur hôte, ils ne devoient pas lui cacher plus long-temps leur dessein. Après lui avoir donc demandé le secret, ils lui dirent qu'ils étoient envoyés pour prendre et exécuter à mort un chrétien nommé Phocas; ils le prièrent même de les aider à le découvrir. Le serviteur de Dieu, sans s'étonner, leur dit qu'il connoissoit Phocas, et que le lendemain il leur déclareroit où il étoit.

Quand ses hôtes furent couchés, il fit sa fosse, et prépara toutes choses pour sa sépulture. Le jour venu, il alla leur dire: « Phocas est trouvé, et il ne tient qu'à vous » de le prendre quand il vous plaira. » Ils en furent bien aises, et lui demandèrent où il étoit : « Il n'est pas loin, répondit-il, vous » le voyez; c'est moi-même; faites ce qui

» vous est commandé. » Ces hommes furent étrangement surpris, et demeurèrent immobiles, tant ils avoient de peine à se résoudre à tuer un homme qui les avoit reçus avec tant de bonté. Phocas les rassura, et les engagea lui-même à exécuter leur commission. Ils s'y résolurent enfin, et lui coupèrent la tête.

THÈME CCXLIX.

Nilammon (1) vivoit renfermé dans une cellule auprès d'une petite ville (2) de la basse Egypte. Les habitans de cette ville, après la mort de leur évêque, le choisirent pour lui succéder ; mais malgré leurs vives instances, il ne voulut jamais y consentir, tant il étoit persuadé de son indignité, et effrayé des dangers de l'épiscopat. Il prit le parti de fermer la porte de sa cellule, sans vouloir l'ouvrir à personne. A la prière des habitans, Théophile (3), patriarche d'Alexandrie, alla le trouver et lui conseilla de se rendre, et de recevoir de lui l'ordination. Nilammon s'en excusa plusieurs fois : et voyant que Théophile ne cessoit de le presser, il lui dit : « Mon père, vous ferez » demain ce qu'il vous plaira ; permettez-» moi de disposer aujourd'hui de mes af-» faires. » Théophile revint donc le lende-

---

(1) Nilamm on, *g.* onis. *m.*
(2) Gerès.
(3) Théophil us, *g. i. m.*

main, et lui dit d'ouvrir sa porte. « Prions
» auparavant, répondit Nilammon. C'est
» bien dit, répliqua Théophile; » et il se
mit à prier. La journée se passa ainsi.
Théophile, et ceux qui étoient avec lui hors
de la cellule, après avoir attendu long-
temps, appelèrent Nilammon à haute voix,
mais il ne répondit point. Enfin ils ôtèrent
les pierres, ouvrirent la porte, et le trouvèrent mort.

Un événement si imprévu ne manqua pas
d'étonner d'abord tout le monde ; mais bientôt après on fut persuadé qu'il avoit demandé à Dieu de le délivrer de la vie, pour
n'être pas exposé aux dangers de l'épiscopat.
On le revêtit d'habits précieux, on l'enterra
aux dépens du public, et on bâtit une
église sur son tombeau.

THÈME CCL.

ENTRE les Martyrs qui ont souffert sous
l'empereur Licinius (1), il n'en est point de
plus illustres que ceux qu'on appelle les quarante Martyrs, et qui confessèrent J. C. à
Sébaste (2) vers l'an 313. Ils étoient à la
fleur de leur âge, bien faits, braves et fort
considérés par leurs services. Dès qu'ils
eurent appris que les gens de guerre avoient
reçu ordre de l'empereur de sacrifier, ils se
séparèrent, et déclarèrent, sans rien craindre, qu'ils ne vouloient point prendre part

---

(1) Licin ius, *g.* ii. *m.*
(2) Sebast e, *g.* es. *m.*

à l'idolâtrie. Ayant été pris, on les présenta au juge qui les somma d'obéir aux ordres de l'empereur. Ils répondirent tous hardiment qu'ils étoient Chrétiens, et préparés à tout souffrir plutôt que d'abandonner leur sainte religion. Le juge, après s'être efforcé en vain de les gagner par ses promesses, puis de les intimider par ses menaces, les fit déchirer par les fouets et les ongles de fer; et après les avoir chargés de chaînes, il les fit mettre en prison. Ils y demeurèrent long-temps, et n'en sortirent que pour être conduits à un supplice d'un genre tout nouveau. L'Arménie est un pays froid, et on étoit alors en hiver. Le juge ordonna qu'ils fussent exposés tout nus pendant une nuit très-froide sur un étang glacé. En même temps il fit préparer un bain chaud tout proche de là, avec ordre d'y transporter sur-le-champ ceux qui, succombant à la rigueur du froid, promettroient de sacrifier pour sauver leur vie.

THÈME CCLI.

Les Martyrs se dépouillèrent gaîment de leurs habits. Ils s'encourageoient les uns les autres, en disant qu'une seule nuit alloit leur procurer un bonheur éternel. « Puisqu'il faut mourir une fois, ajoutoient-ils, mourons pour vivre éternellement. Ne craignons pas de donner pour Dieu une vie que tant de soldats exposent tous les jours pour le service d'un prince mortel. Combien ne seroit-il pas honteux pour nous de ne pouvoir souffrir pour la défense de la vérité ce que les scélérats sont obligés de souffrir pour la punition de leurs crimes ! Nous sommes entrés quarante dans la lice ; faites, Seigneur, que nous soyions couronnés quarante. » Dieu exauça leur prière; mais d'une autre manière qu'ils ne pensoient. Car ils eurent la douleur d'en voir un de leur compagnie perdre courage et sortir de dessus l'étang pour aller se jeter dans le bain chaud. Mais ce qui les consola, c'est qu'il fut remplacé sur-le-champ. Il y avoit là un garde qui se chauffoit en attendant la fin de ce combat, prêt à recevoir dans le bain chaud ceux des Martyrs qui viendroient à perdre courage. Il vit un spectacle surprenant, des Anges qui descendoient du ciel et qui distribuoient des récompenses à ces généreux soldats, excepté à celui qui se laissa vaincre à la douleur. Mais ce lâche, en perdant par son crime la vie de l'ame, ne put même conserver celle du corps ; car dès qu'il eut touché l'eau chaude, il mourut.

THÈME CCLII.

Le garde, témoin d'un spectacle si merveilleux, n'eut pas plus tôt vu ce malheureux déserteur courir au bain, qu'il ôta ses habits, et se mit à sa place au milieu des Martyrs, criant comme eux qu'il étoit chrétien. C'est ainsi qu'il remporta la couronne dont l'autre n'avoit pas été trouvé digne :

exemple étonnant qui doit faire trembler les plus forts, et les engager à prier sans cesse pour obtenir de Dieu la persévérance qu'il ne doit à personne.

Le jour étant venu, comme ils respiroient encore, on les mit sur des chariots, et on les jeta dans le feu, qui rendit leurs douleurs plus cruelles. Il y en eut un que les bourreaux laissèrent parce qu'il leur sembloit plus vigoureux que les autres, et qu'ils espéroient l'ébranler. Mais sa mère qui se trouvoit présente, s'élevant par la foi au-dessus des sentimens de la nature, le prit entre ses bras et le mit dans le chariot avec les autres, en disant : « Allez, mon fils, achevez cet heureux voyage avec vos camarades, afin que vous ne soyez pas présenté à Dieu le dernier. » Après qu'ils eurent été brûlés, on jeta dans la rivière ce qui n'avoit pas été consumé par le feu ; ce qui n'empêcha pas les Fidèles de conserver beaucoup de leurs reliques. Elles furent portées en diverses provinces, où depuis on bâtit des églises en leur honneur, et on célébra leur mémoire avec grande solennité.

THÈME CCLIII.

JULITTE (1) naquit à Icone (2) : quoiqu'elle fût issue d'une famille distinguée, sa

---

(1) Julitt a, *g.* æ. f.
(2) Icon ium, *g.* ii. *n.*

piété la rendoit encore beaucoup plus recommandable. Elle se maria, et eut un fils nommé Cyrique (1) (ou Cyr). A peine eut-il été baptisé, qu'elle le présenta à Dieu, afin qu'il le conservât dans l'innocence que ce sacrement venoit de lui donner.

Les empereurs Dioclétien et Maximien ayant fait publier un édit contre les Chrétiens, le gouverneur, nommé Domitien, se montra fort ardent à le faire exécuter. Julitte, se défiant de ses propres forces, n'eut garde d'attendre qu'on vînt la saisir. Elle se hâta donc de quitter la ville et même la province, n'étant suivie que de deux servantes, et elle emmena avec elle son fils âgé de trois ans. Cela n'empêcha pas qu'elle ne fût arrêtée par les persécuteurs. Ayant pris son fils entre ses bras, elle fut conduite devant le tribunal du juge, nommé Alexandre. Pour ses deux servantes, elles furent tellement épouvantées, qu'elles s'enfuirent; mais, étant un peu revenues de leur frayeur, elles vinrent se mêler dans la foule, pour savoir ce que deviendroit leur maîtresse avec son fils. Alexandre ayant demandé à Julitte son nom, sa condition et son pays, elle se contenta de répondre : « Je suis Chrétienne ; à Dieu ne plaise que jamais je sacrifie aux idoles ! »

---

(1) Cyricus, g. i. m.

THÈME. CCLIV.

Comme Julitte, à toutes les autres demandes, faisoit toujours la même réponse, le juge en fut tellement irrité, qu'il lui fit arracher son fils d'entre les bras, afin de la faire appliquer à la question. Aussitôt les bourreaux l'étendirent sur le chevalet, lui lièrent les bras et les jambes, et la frappèrent cruellement à coups de nerfs de bœufs. Cependant l'enfant qui se voyoit séparé de sa mère, se mit à pleurer et à crier, faisant tous ses efforts pour retourner à elle. Le juge, touché de sa beauté, se le fit apporter pour le caresser, et empêcher ses cris et ses larmes. Il le mit sur ses genoux, et l'approcha pour le baiser. Mais l'enfant lui repoussoit la tête avec ses petites mains, et tâchoit de se débarrasser en lui portant ses ongles au visage, et ses pieds dans les côtés. On ne pouvoit l'empêcher de porter toujours les yeux sur sa mère, et on l'entendoit crier comme elle : *Je suis Chrétien*, sans qu'on pût lui faire prononcer une autre parole. Le juge alors n'écoutant que sa rage, prit l'enfant par un pied, et le jeta du haut de son siége contre terre. La tête de cette innocente victime se brisa sur le coin du marche-pied; et l'on vit en un moment tous les environs arrosés de sang, et couverts de sa cervelle. Le juge, malgré sa fureur, avoit lui-même horreur d'une telle barbarie aussi bien que tous les spectateurs.

THÈME CCLV.

Julitte seule vit avec des yeux secs un si affreux spectacle, et s'élevant par sa foi au-dessus des sentimens de la nature, elle s'écria : « Je vous rends grâces, Seigneur, de ce que vous avez bien voulu que mon fils reçût avant moi la couronne immortelle. » Le juge entendit cette prière qui montroit combien Julitte méprisoit la mort. Il désespéra d'abord d'abattre son grand courage, et l'ayant fait remettre au chevalet, il commanda qu'on lui déchirât les côtés avec des ongles de fer, et qu'on lui versât de la poix bouillante sur les pieds, tandis qu'un crieur lui disoit : « Julitte, prends pitié de toi, et sacrifie aux dieux, de peur que tu ne meures malheureusement comme ton fils. » La Sainte, bravant les menaces de son persécuteur, dit à haute voix : « Je ne sacrifie point à des statues sourdes et muettes ; mais j'adore Jésus-Christ le Fils unique de Dieu, et il me tarde de suivre mon fils dans le royaume céleste. » Alexandre, poussé à bout par la constance de cette sainte Martyre, ordonna qu'elle auroit la tête coupée. Les bourreaux aussitôt lui mirent un bâillon dans la bouche, et la menèrent au lieu du supplice. S'étant mise à genoux, elle dit : « Seigneur, qui avez appelé mon fils avant moi, daignez aussi jeter un regard de miséricorde sur votre servante, et malgré mon indignité, donnez-moi place parmi ces vierges sages qui doivent vous aimer et vous adorer à jamais. » Le bourreau lui coupa la tête; et son corps fut jeté hors de la ville ainsi que celui de son fils. Le lendemain les deux servantes enlevèrent les corps de nuit, et les enterrèrent.

THÈME CCLVI.

Jésus-Christ, après avoir instruit les hommes par ses discours, après les avoir édifiés par ses œuvres, les avoir convaincus par ses miracles, les avoir comblés de ses bienfaits, se dispose à les racheter par son sang, et à les sanctifier par son sacrifice : quel prodige d'amour pour les hommes! peut-on s'empêcher de l'aimer? Vous savez, dit-il à ses Disciples, que le Fils de l'Homme sera livré pour être crucifié; à entendre parler J. C. avec autant de tranquillité de la mort si cruelle et si ignominieuse qu'il devoit souffrir deux jours après, on voit bien que ce fils de l'homme est aussi le Fils de Dieu. — Judas étant allé trouver les Princes des prêtres, et ayant promis de leur livrer Jésus moyennant une récompense, ils n'eurent garde de rejeter l'offre de cet Apôtre perfide, et ils promirent de lui donner trente pièces d'argent. Que n'a-t-on pas à craindre de l'avarice, puisqu'elle va jusqu'à vendre J. C., Roi du ciel et de la terre, pour un si vil prix? Dès-lors Judas que J. C. avoit élevé à l'apostolat, qui avoit reçu de lui le pouvoir d'opérer des miracles, et qui devoit être bientôt nourri comme les autres Apôtres du Corps et du Sang de J. C., Judas, dis-je, malgré tant et de si grands bienfaits dont il avoit été comblé, ne fut plus occupé que du moyen de livrer son Maître et son Dieu.

THÈME CCLVII.

Tremblons en voyant Judas quitter le Fils de Dieu pour se donner au démon; la compagnie de ses Disciples, pour se mettre à la tête de ses ennemis; et la fonction d'Apôtre, pour faire celle de traître. Il a mieux aimé se rendre l'esclave et le ministre de la passion des Princes des prêtres et des Pharisiens, que d'être le ministre de la charité et du sacerdoce de J. C. Le voilà donc à la tête d'une troupe de scélérats armés pour arrêter Jésus; et celui qui est venu chercher les pécheurs pour leur donner la vie, est lui-même cherché par les pécheurs pour être mis à mort. Ils n'ont pas honte de déclarer qu'ils cherchent Jésus de Nazareth; et à peine J. C. leur a dit : C'est moi, qu'ils tombent tous à terre, sans qu'aucun reconnoisse la main de Dieu et la voix toute-puissante de J. C. Judas, apôtre prévenu de tant de faveurs, témoin des miracles de J. C., nourri si long-temps de sa parole, est renversé comme les autres, et ne se convertit point; au lieu que Saul, persécuteur des Apôtres et de l'Eglise, qui n'a jamais connu J. C., qui ne respire que le carnage des

Chrétiens, n'est pas plus tôt renversé, qu'il se rend, et d'un loup altéré de sang, devient le plus doux des agneaux. O Dieu! que vos jugemens sont profonds et impénétrables! nous les adorons et nous nous y soumettons.

THÈME CCLVIII.

Celui qui ne tremble pas en voyant un des chefs du troupeau de J. C. changé en un chef de loups et de voleurs, ne connoît guère jusqu'où peut aller l'aveuglement et la malice du cœur de l'homme. Craignons à proportion de la sainteté de notre état. Plus on tombe de haut, plus la chute est terrible. — Peut-on s'empêcher de frémir d'horreur en voyant un Prince de l'Eglise chrétienne se liguer avec un Prince de l'Eglise judaïque, pour perdre l'Eglise même dans son chef et son fondateur? Il eût été facile au Sauveur de rompre leur marché sacrilége; mais il falloit que le péché servît à détruire le péché, et que l'auteur de la vie mourût pour détruire la mort et son empire. — Il n'y a point d'affront plus sanglant dans le monde, ni qu'on y pardonne moins qu'un soufflet; et c'est pour cela même que J. C. l'a voulu souffrir, pour confondre et détruire l'orgueil des hommes, et leur donner un exemple de patience qui doit les condamner, s'ils ne l'imitent. — Quoi de plus douloureux pour J. C. que d'être trahi et vendu par un ami, renié par un autre, abandonné de tous, étant aussi digne qu'il étoit d'être aimé constamment ! Mais ne nous étonnons pas de voir J. C. abandonné des hommes, puisqu'il est venu pour porter la peine des hommes qui ont abandonné la vérité, et pour leur mériter la grâce de n'être point abandonnés de Dieu.

THÈME CCLIX.

Si les liens de saint Pierre ont mérité d'être honorés d'une manière spéciale dans l'église, combien plus nous doivent être vénérables ceux de J. C. ! — Quand j'entends saint Pierre protester qu'il ne connoît point l'Homme-Dieu, je ne puis m'empêcher de me demander à moi-même : Est-ce donc là celui qui disoit autrefois, Seigneur, à qui irions-nous ? nous ne pouvons douter que vous n'ayez les paroles de la vie éternelle : nous croyons que vous êtes le Christ Fils de Dieu. » — C'est renier J. C. que de ne se pas avouer son Disciple. Tel pense être ferme comme une colonne, qui l'est moins qu'un roseau; et tel pense pouvoir souffrir la mort pour Dieu, qui, comme saint Pierre, ne résisteroit pas à la voix d'une servante. — Qui pourroit s'empêcher d'admirer le silence de J. C. ? On a beau le calomnier : il se laisse accuser sans ouvrir la bouche pour se justifier. Mais quand on lui demande s'il est le Christ Fils de Dieu, il n'a garde de se taire sur une vérité pour laquelle il vouloit mourir, et pour laquelle tant de Martyrs devoient souffrir la mort à l'exemple de leur chef adorable. — Après que l'auteur même de la vie a été jugé digne de mort, aurons-nous la hardiesse de nous plaindre de l'injustice du jugement des hommes à notre égard ?

THÈME CCLX.

Pilate eut beau représenter aux Juifs que Jésus étoit innocent ; il eut beau chercher quelqu'expédient pour le soustraire à leur fureur, soit en le faisant flageller pour exciter leur compassion, soit en le mettant en parallèle avec Barabbas. A peine leur eut-il dit : « Lequel des deux voulez-vous que je renvoie, de Jésus ou de Barabbas, qu'ils s'écrièrent : que Barabbas soit mis en liberté, et que Jésus soit crucifié. » O aveuglement des hommes ! faut-il qu'un voleur ait été préféré au Sauveur, un séditieux au roi pacifique, un meurtrier à l'auteur de la vie ? Voilà jusqu'où s'est abaissé le Fils de Dieu, pour nous acheter le salut, la paix et la vie éternelle. Mais que notre indignation s'allume plus contre le péché que contre les Juifs, puisque ce sont nos péchés qui ont demandé par la bouche des Juifs la mort de J. C. Il falloit que Dieu fût satisfait, et il n'a pu l'être que par le sacrifice de la croix. On ne peut qu'être indigné lorsqu'on se rappelle que J. C. a été jugé moins digne de vivre qu'un voleur et un homicide : mais que fait autre chose le pécheur qui, après avoir goûté combien le joug du Seigneur est doux, secoue ce joug pour se livrer au péché? N'est-ce pas comparer, ou plutôt préférer Barabbas à J. C., que d'aimer mieux suivre ses passions que l'Evangile; l'esprit du monde que celui de Dieu; les inclinations du premier Adam pécheur, que celles du second qui est la sainteté même? Nous avons horreur de ce qu'ont fait les Juifs; et c'est avec raison que nous en sommes indignés. Cependant ils ne l'ont fait qu'une fois, au lieu que nous le faisons tous les jours sans en être touchés, et sans y faire réflexion.

N. B. L'Auteur, en mettant à la suite de ce recueil quelques Thêmes sur des sujets de piété, a cru faire plaisir à plusieurs Maîtres chrétiens qui seront bien aises de procurer à leurs Elèves un moyen de sanctifier les Dimanches et les Fêtes.

FIN DU TOME SECOND.

Traduction de quelques mots qui ne se trouvent pas dans le dictionnaire.

Nota. Ceux qu'on ne trouvera ni dans cette Table, ni dans le Dictionnaire, sont indéclinables.

Aaron, Aaron, *indéclin.*, ou Aaron, *g.* onis. *m.*
Abdalonyme, Abdalonymus, *g.* i. *m.*
Abel, Abel, *g.* elis. *m.*
Abigaïl, Abigaïl, *g.* ilis. *f.*
Abiron, Abiron, *m. indécl.*, ou Abiron, *g.* onis. *m.*
Abisare, Abisarus, *g.* i. *m.*
Abraham, Abrahamus, *g.* i, *m.*
Absalon, Absalon, *g.* onis. *m.*
Achab, Achabus, *g.* i. *m.*
Achéménide, Achemenides, *g.* is. *m.*
Achille, Achilles, *g.* is. *m.*
Adam, Adamus, *g.* i. *m.*
Adherbal, Adherbal, *g.* alis. *m.*
Admète, Admetus, *g.* i. *m.*
Adonias, Adonias, *g.* æ. *m.*
Adrien, Adrianus, *g.* i. *m.*
Afre, Afra, *g.* æ. *f.*
Agag, Agagus, *g.* i. *m.*
Agathe, Agatha, *g.* æ. *f.*
Agathocle, Agathocles, *g.* is. *m.*
Agésilas, Agesilaus, *g.* i. *m.*
Agis, Agis, *g.* Agidis. *m.*
Agnès, Agnes, *g.* etis. *f.*
Agrippa, Agrippa, *g.* æ. *m.*
Agrippine, Agrippina, *g.* æ. *f.*
Albert, Albertus, *g.* i. *m.*
Ajax, Ajax, *g.* Ajacis, *m.*
Albin, Albinus, *g.* i. *m.*
Alcandre, Alcander, *gén.* dri. *m.*

Alcibiade, Alcibiades, *gén.* is. *m.*
Alexandre, Alexander, *g.* dri. *m.*
Alphonse, Alphonsus, *g.* i. *m.*
Alyatte, Alyattus, *g.* i. *m.*
Amalécite, Amalecita, *g.* æ. *m.*
Aman, Aman, *g.* anis. *m.*
Amasis, Amasis, *g.* is. *m.*
Ambroise, Ambrosius, *g.* ii. *m.*
Amestris, Amestris, *g.* is. *f.*
Amilcar, Amilcar, *g.* aris. *m.*
Amnon, Amnon, *g.* onis. *m.*
Ammonites, Ammonitæ, *g.* arum. *m. plur.*
Amphiloque, Amphilochus, *g.* i. *m.*
Amyntas, Amynthas, *g.* æ. *m.*
Amytis, Amytis, *g.* is. *f.*
Anacharsis, Anacharsis, *g.* is. *m.*
Ananie, Ananias, *g.* æ. *m.*
Ananus, Ananus, *g.* i. *m.*
Anaxarque, Anaxarchus, *g.* i. *m.*
Anaximène, Anaximenes, *g.* is. *m.*
André, Andreas, *g.* æ. *m.*
Androcle, Androclus, *gén.* i. *m.*
Andromaque, Andromache, *g.* es. *f.*

Annibal, Annib al, g. alis. m.
Anselme, Anselm us, g. i. m.
Antagore, Antagor as, g. æ. m.
Antigone, Antigon us, g. i. m.
Antiochus, Antioch us, g. i. m.
Antipas, Antip as, g. æ. m.
Antipater, Antipat er, g. tri. m.
Antisthènes, Antisthen es, g. is. m.
Antoine, Anton ius, g. ii. m.
Antonia (Tour), Turr is Antoni a, g. is, æ. f.
Antonin, Antonin us, g. i. m.
Anystis, Anyst is, g. is. m.
Apémante, Apemant us, g. i. m.
Apion, Api on, g. onis. m.
Apis, Ap is, g. is ou idis. m.
Apollodore, Apollodor us, g. i. m.
Apollon, Apollo, g. inis. m.
Apollonius, Apollon ius, g. ii. m.
Apphien, Apphian us, g. i. m.
Appius, App ius, g. ii. m.
Arbelles, Arbell a, g. orum. n. pl. ou Arbell a, g. æ. f.
Arcade, Arcad ius, g. ii. m.
Arcésilaus, Arcesila us, g. i. m.
Archidamus, Archidam us, g. i. m.
Archimède, Archimed es, g. is. m.
Arimaze, Arimaz us, g. i. m.
Aristide, Aristid es, g. is. m.
Aristippe, Aristipp us, g. i. m.
Aristomène, Aristomen es, g. is. m.
Aristophane, Aristophan us, g. i. m.
Aristophon, Aristoph on, g. onis. m.

Aristote, Aristotel es, g. is. m.
Arius, Ar ius, g. ii. m.
Arnoul, Arnulph us, g. i. m.
Arons, Ar uns, g. Ar untis. m.
Arsène, Arsen ius, g. ii. m.
Arsite, Arsit us, g. i. m.
Artaban, Artaban us, g. i. m.
Artabaze, Artabaz us, g. i. m.
Artagerse, Artagers us, g. i. m.
Artarius, Artar ius, g. ii. m.
Artaxerxès, Artaxerx es, g. is. m.
Artémise, Artemisi a, g. æ. f.
Asdrubal, Asdrub al, gén. alis. m.
Assuérus, Assuer us, g. i. m.
Assyriens, Assyr ii, gén. iorum. m. pl.
Astyage, Astyag es, g. is. m.
Athalie, Athali a, g. æ. f.
Athanase, Athanas ius, g. ii. m.
Attale, Attal us, g. i. m.
Atticus, Attic us, g. i. m.
Attila, Attil a, g. æ. m.
Attius, Att ius, g. ii. m.
Auguste, August us, g. i. m.
Augustin, Augustin us, g. i. m.
Aurélien, Aurelian us, g. i. m.
Auxence, Auxent ius, g. ii. m.
Azarias, Azari as, g. æ. m.
BAAL, Baal, indécl. m. ou Baal, g. is. m.
Babylas, Babyl as, g. æ. m.
Bacchus, Bacch us, g. i. m.
Bactriane, Bactrian a, g. æ. f.
Bactriens, Bactr i, gén. orum. m.
Bagoas, Bago as, g. æ. m.

Bagoraze, Bagoraz us, g. i. m.
Balthasar, Balthasar, g. is. m.
Barabbas, Barabb as, gén. æ. m.
Basile, Basil ius, g. ii. m.
Bathuel, Bathu el, g. elis. m.
Benjamin, Benjamin us, g. i. m.
Benoît, Benedict us, g. i. m.
Bérite, (*v.*), Berit um, g. i. n.
Bessarion, Bessari o, gén. onis. m.
Bessus, Bess us, g. i. m.
Béthanie (*v.*), Bethani a, g. æ. f.
Bétis, Bet is, g. is. m.
Bias, Bi as, g. antis, m.
Bocchus, Bocch us, g. i. m.
Brasidas, Brasid as, g. æ. m.
Brennus, Brenn us, g. i. m.
Brutus, Brut us, g. i. m.
Bucéphale, Bucephal us, g. i. m.
Bucéphalie (*ville*), Bucephal a, g. æ. f.
Burrhus, Burrh us, g. i. m.
Busiris, Busir is, g. is. m.
CADUSIENS (*les*), Cadus ii, g. iorum. m.
Cæpion, Cæpi o, g. onis. m.
Caïn, Caïn us, g. i m.
Caire (*le*), Cair us, g. i. f. ou Cair um, g. i. n.
Caligula, Caligul a, g. æ. m.
Callicratidas, Callicratidas, g. æ. m.
Calippe, Callip us, g. i m.
Callisthène, Callisthen es, g. is. m.
Cambyse, Cambys es, gén. is. m.
Camille, Camill us, g. i. m.

Candaule, Candaul es, g. is. m.
Capoue (*v.*), Capu a, g. æ. f.
Caracalla, Caracalla, g. æ. m.
Caridème, Caridem us, g. i. m.
Cariens (*les*), Car es, g. um. m., ou Cariat æ, g. arum. m.
Cassandre, Cassan der, g. dri. m.
Castor, Cast or, g. oris. m.
Catilina, Catilin a, g. æ, m.
Caton, Cat o, g. onis. m.
Cébalinus, Cebalin us, g. i. m.
Césaire, Cæsar ius, g. ii. m.
César, Cæs ar, g. aris. m.
Césarée (*v.*), Cæsare a, g. æ. f.
Cestius, Cest ius, g. ii. m.
Chariclès, Charicl es, gén. is. m.
Charles, Carol us, g. i. m.
Charondas, Charond as, g. æ. m.
Childebert, Childebert us, g. i. m.
Chilon, Chil o, g. onis. m.
Christophe, Christophor us, g. i. m.
Chrysostôme, Chrysostom us, g. i. m.
Cicéron, Cicer o, g. onis. m.
Cimon, Cim on, g. onis. m.
Cincinnatus, Cincinnat us, g. i. m.
Cinéas, Cine as, g. æ. m.
Cinna, Cinn a, g. æ. m.
Claire, Clar a, g. æ. f.
Claude, Claud ius, g. ii. m.
Cléanthe, Cleanth es, gén. is. m.
Cléarque, Clearch us, g. i. m.

Cléon

Cléon, Cle on, g. ontis. m.
Cléopâtre, Cleopatr a, gén. æ. f.
Cléophon, Cleoph on, gén. ontis, m.
Clitus, Clit us, g. i. m.
Clodius, Clod ius, g. ii. m.
Clodulphe, Clodulph us, g. i. m.
Clotilde, Clotild is, g. is. f.
Clou (saint), ou *Cloud*, Clodoald us, g. i. m.
Clovis, Clodove us, g. i. m.
Codrus, Codr us, g. i. m.
Cœnus, Cœn us, g. i. m.
Colomb, Colomb us, g. i. m.
Commode, Commod us, g. i. m.
Conon, Con on, g. onis. m.
Constance, Constant ius, g. ii. m.
Constantin, Constantin us, g. i. m.
Coriolan, Coriolan us, g. i. m.
Corneille, Cornel ius, g. ii. m.
Corvinus, Corvin us, g. i. m.
Cotys, Cot us, g. i. m.
Crassus, Crass us, g. i. m.
Cratère, Crater us, g. i. m.
Crésus, Crœs us, g. i. m.
Crispus, Crisp us, g. i. m.
Crotone (ville), Crot o, ou Crot on, g. onis. f. (habitans de *Crotone*), Crotoniat es, g. um. pl. m.
Cucuse (v.), Cucus um, g. i. n.
Curiaces, Curiat ii, génit. iorum. pl. m.
Curius, Cur ius, g. ii, m.
Cyaxare, Cyaxar us, g. i. m.

Cydnus (fleuve), Cydnus, g. i. m.
Cynégire, Cynegir us, g. i. m.
Cyprien, Cyprian us, g. i. m.
Cyrta (v.), Cyrt a, g. æ. f.
Cyrus, Cyr us, g. i. m.
DALILA, Dalil a, g. æ. f.
Damarin, Damarin us, g. i. m.
Damoclès, Damocl es, g. is. m.
Damon, Damon, g. onis. m.
Daniel, Dani el, g. elis. m.
Darius, Dar ius, g. ii. m.
Datames, Datam es, g. is. m.
Datis, Dat is, g. is. m.
David, Dav id, g. idis. m.
Dèce, Dec ius, g. ii. m.
Décimus, Decim us, g. i. m.
Décius, Dec ius, g. ii. m.
Déjoce, Dejoc us, g. i. m.
Démade, Demad es, g. is. m.
Démarate, Demarat us, g. i. m.
Démétrius, Demetr ius, g. ii. m.
Démocède, Democed es, g. is. m.
Démocrite, Democrit us, g. i. m.
Démosthène, Demosthen es, g. is. m.
Denis, Dionys ius, g. ii. m.
Diagore, Diagor as, g. æ. m.
Dioclétien, Diocletian us, g. i. m.
Diodore, Diodor us, g. i. m.
Diogène, Diogen es, g. is. m.
Dion, Di on, g. onis. m.
Diomédon, Diomed on, g. ontis. m.

TOME II.   M

Dioscore, Dioscor us, *g*. i. *m*.
Dominique, Dominic us, *g*. i. *m*.
Domitien, Domitian us, *g*. i. *m*.
Dracon, Drac o, *g*. onis, *m*.
Drusille, Drusill a, *g*. æ. *f*.
Drusus, Drus us, *g*. i. *m*.
Duillius, Duill ius, *g*. ii. *m*.
Dymnus, Dymn us, *g*. i. *m*.
ECBATANE (*v*.), Ecbatan a, *g*. orum. *n*. *pl*.
Eléazar, Eleazar us, *g*. i. *m*.
Eliab, Éliab us, *g*. i. *m*.
Elie, Eli as, *g*. æ. *m*.
Eliézer, Eliez er, *g*. eris. *m*.
Elis (*v*.), El is, *g*. idis. *f*.
Elisée, Elis eus, *g*. ei. *m*.
Eloi, Elig ius, *g*. ii. *m*.
Emile, Œmil ius, *g*. ii. *m*.
Emilien, Œmilian us, *g*. i. *m*.
Ennius, Enn ius, *g*. ii. *m*.
Epaminondas, Epaminond as, *g*. æ. *m*.
Ephestion, Ephœstion, *g*. onis. *m*.
Ephore, Ephor us, *g*. i. *m*.
Esaü, Esa üs, *g*. i. *m*.
Eschile, Œschil us, *g*. i. *m*.
Esculape, Œsculap ius, *g*. ii. *m*.
Esope, Œsop us, *g*. i. *m*.
Esther, Esth er, *g*. eris. *f*.
Etienne, Stephan us, *gén*. i. *m*.
Euclide, Euclid es, *g*. is. *m*.
Eulalie, Eulali a, *g*. æ. *f*.
Eumène, Eumen es, *gén*. is. *m*.
Euridice, Euridic e, *gén*. es. *f*.
Euripide, Euripid es, *gén*. is. *m*.
Euryale, Euryal us, *gén*. i. *m*.
Eurybiade, Eurybiad us, *g*. i. *m*.
Eusèbe, Euseb ius, *g*. ii. *m*.
Evagore, Evagor as, *gén*. æ. *f*.
Eve, Ev a, *g*. æ. *f*.
Ezéchias, Ezechi as, *gén*. æ. *m*.
Ezéchiel, Ezechi el, *gén*. elis. *m*.
FABIUS, Fab ius, *g*. ii. *m*.
Fabricius, Fabric ius, *gén*. ii. *m*.
Falerne, Falern us, *gén*. i. *m*. (de Falerne, Falern us, a, um).
Falisques, Falisc i, *gén*. orum. *pl*. *m*.
Faustine, Faustin a, *g*. æ. *f*.
Ferdinand, Ferdinand us, *g*. i. *m*.
Flaminius, Flamin ius, *g*. ii. *m*.
Flavien, Flavian us, *g*. i. *m*.
Florus, Flor us, *g*. i. *m*.
François, Francisc us, *g*. i. *m*.
Fullonius, Fullon ius, *gén*. ii. *m*.
GABÉLUS, Gabel us, *gén*. i. *m*.
Gabiens, Gab ii, *g*. iorum. *pl*. *m*.
Gabriel, Gabri el, *g*. elis. *m*.
Galba, Galb a, *g*. æ. *m*.
Galère, Galer ius, *g*. ii. *m*.
Galètes, Galet es, *g*. is. *m*.
Gallus, Gall us, *g*. i. *m*.
Gamaliel, Gamali el, *gén*. elis. *m*.
Gédéon, Gede on, *g*. onis. *m*.
Gélon, Gel on, *g*. onis. *m*.

Geneviève, Genovef a, gén. æ. f.
Germain, German us, gén. i. m.
Germanicus, Germanic us, g. i. m.
Géta, Get a, g. æ. m.
Gigis, Gig is, g. is. f.
Gillias, Gilli as, g. æ. m.
Gisgon, Gisg o, g. onis. m.
Gobryas, Gobry as, g. æ. m.
Goliath, Goliath us, g. i. m.
Gonçalès, Gonçal es, gén. is. m.
Gordien, Gordian us, gén. i. m.
Gorgus, Gorg us, g. i. m.
Granique (fl.), Granic us, g. i. m.
Grégoire, Gregor ius, gén. ii. m.
Gyges, Gyg es, g. etis. m.
Gylippe, Gilipp us, g. i. m.
HÆDUS, Hæd us, g. i. m.
Hannon, Hann o, g. onis. m.
Harmodius, Harmod ius, g. ii. m.
Hégétoride, Hegetorid es, g. is. m.
Hélène, Helen a, g. æ. f.
Héliodore, Heliodor us, g. i. m.
Héliogabale, Heliogabal us, g. i. m.
Henri, Henric us, g. i. m.
Héraclide, Heraclid es, gén. is. m.
Héraclite, Heraclit us, gén. i. m.
Hercule, Hercul es, g. is. m.
Hermocrate, Hermocrat es, g. is. m.
Hérode, Herod es, g. is, m.
Hérodote, Herodot us, gén. i. m.
Hérostrate, Herostrat us, g. i. m.

Hiempsal, Hiemps al, gén. alis. m.
Hiéron, Hier o, g. onis. m.
Hilaire, Hilar ius, g. ii. m.
Himère (v.), Himer um, g. i. n.
Holoferne, Holofern es, g. is. m.
Homère, Homer us, g. i. m.
Horace, Horat ius, g. ii. m.
Hortensius, Hortens ius, g. ii. m.
Hunéric, Huneric us, gén. i. m.
Huns (les), Hunn i, gén. orum. pl. m.
Hydaspe (fl.), Hydasp es, g. is. m.
Hyppocrate, Hyppocrat es, g. is. m.
Hyrcanie, Hyrcani a, gén. æ. f.
Hystaspe, Hystasp es, gén. is. m.
IAXARTE (fl.), Iaxart us, g. i. m.
Icètes, Icet es, g. is. m.
Iduméens, Idumæ i, gén. orum. m. pl.
Ignace, Ignatius, g. ii. m.
Ilotes, Helot es, g. um. pl. m.
Imilcon, Imilc o, g. onis, m.
Inarus, Inar us, g. i. m.
Innocent, Innocent ius, g. ii. m.
Iphicrate, Iphicrat es, gén. is. m.
Irénée, Irenæ us, g. i. m.
Isaac, Isaac us, g. i. m.
Isabelle, Isabell a, g. æ. f.
Isadas, Isad as, g. æ. m.
Isaïe, Isaï as, g. æ. m.
Ismael, Isma el, g. elis. m.
Isnarus, Isnar us, g. i. m.
Isocrate, Isocrat es, g. is. m.

Israël, Isra ël, g. elis. m.
Issus (*ville*), Iss us, gén. i. f.
JACOB, Jacob us, g. i. m.
Jacques, Jacob us, g. i. m.
Jean, Joann es, g. is. m.
Jean-Baptiste, Joann es-Baptist a, g. Joann is-Baptist æ. m.
Jérémie, Jeremi as, g. æ. m.
Jéroboam, Jeroboam us, g. i. m.
Jérôme, Hieronym us, g. i. m.
Jésus-Christ, Jesus-Christ-us, g. Jesu-Christ i. m.
Joab, Joab us, g. i. m.
Joachas, Joach as, g. æ. m.
Joas, Jo as, g. æ. m.
Job, Job us, g. i. m.
Joïadas, Joïad as, g. æ. m.
Jonas, Jon as, g. æ. m.
Jonathas, Jonath as, g. æ. m.
Joram, Joram us, g. i. m.
Josaphat, Josaphat us, g. i m.
Joseph, Joseph us, gén. i. m.
Josephe, Joseph us, gén. i. m.
Josias, Josi as, g. æ. m.
Josué, Josu e, g. es. m.
Judas, Jud as, g. æ. m.
Judas Machabée, Jud as Machabæ us, g. Jud æ Machabæ i, m.
Judith, Judith a, g. æ. f.
Jugurtha, Jugurth a, gén. æ. m.
Julie, Juli a, g. æ. f.
Julien, Julian us, g. i. m.
Julitte, Julitt a, g. æ. f.
Junius, Jun ius, g. ii. m.
Junon, Jun o, g. onis. f.
Jupiter, Jupiter, g. Jovis. m.
Just, Just us, g. i. m.
Juvénal, Juvenal is, g. is. m.
LABAN, Laban us, g. i. m.
Lactance, Lactant ius, g. ii. m.
Lœlius, Læl ius, g. ii. m.
Lœtus, Læt us, g. i. m.
Lœvinus, Lævin us, g. i. m.
Lagus, Lag us, g. i. m.
Lampsaque (v.), Lampsac-um, g. i. n., ou Lampsac-us, g. i. m.
Latinus, Latin us, g. i. m.
Laurent, Laurent ius, g. ii. m.
Lazare, Lazar us, g. i. m.
Léon, Le o, g. onis. m.
Léonatus, Leonat us, g. i. m.
Livie, Livi a, g. æ. f.
Livius, Liv ius, g. ii. m.
Loth, Loth us, g. i. m.
Louis, Ludovic us, g. i. m.
Loup, Lup us, g. i. m.
Luc, Luc as, g. æ. m.
Lucien, Lucian us, gén. i. m.
Lucius, Luc ius, g. ii. m.
Lucullus, Lucull us, gén. i. m.
Lycidas, Lycid as, g. æ. m.
Lycurgue, Lycurg us, gén. i. m.
Lydiens, Lyd i, g. orum. m. pl.
Lysandre, Lysan der, g. dri. m.
Lysias, Lysi as, g. æ. m.
Lysis, Lys is, g. is, accus. im. m.
MACAIRE, Macar ius, gén. ii. m.
Machabées, Machabæ i, g. orum. pl. m.

Magdeleine, Magdalene, g. es, *ou* Magdalena, g. æ. f.
Magon, Mag o, gén. onis. m.
Maharbal, Maharb al, g. alis. m.
Mahomet, Mahumet es, g. is. m.
Manassès, Manass es, g. is. m.
Mandane, Mandan a, gén. æ. f.
Manius, Man ius, g. ii. m.
Manlius, Manl ius, g. ii. m.
Marathon (v.), Marath on, g. onis. f.
Marc, Marc us, g. i. m.
Marc-Aurèle, Marc us, g. i. Aurel ius, g. ii. m.
Marcel, Marcell us, g. i. m.
Marcelle, Marcell a, gén. æ. f.
Marcellin, Marcellin us, g. i. m.
Marcellus, Marcell us, g. i. m.
Mardochée, Mardochæus, g. i. m.
Marguerite, Margarit a, g. æ. f.
Marie, Mari a, g. æ. f.
Marius, Mar ius, g. ii. m.
Marthe, March a, g. æ. f.
Martial, Martia lis, g. lis. m.
Martin, Martin us, g. i. m.
Masinissa, Masiniss a, g. æ. m.
Masiste, Masist us, g. i. m.
Mathathias, Mathathi as, g. æ. m.
Matthias, Matthi as, g. æ. m.
Mathusalem, Mathusal a, g. æ. m.
Mausole, Mausol us, g. i. m.
Maximien, Maximian us, g. i. m.
Maximin, Maximin us, g. i. m.
Mécène, Mæcen as, g. atis. m.
Mèdes, Med i, gén. orum. m. pl.
Médie, Medi a, g. æ. f.
Mégabize, Megabiz us, g. i. m.
Mélèce, Melec ius, g. ii. m.
Mélithus, Melith us, g. i. m.
Memnon, Memn on, gén. onis. m.
Memphis (v.), Memph is, g. is. f.
Ménénius, Menen ius, g. ii. m.
Mentor, Ment or, g. oris. m.
Méroé, Mero e, g. es. f.
Mésabate, Mesabat es, g. is, *ou* Mesabat us, g. i. m.
Messaline, Messalin a, g. æ. f.
Métellus, Metell us, g. i. m.
Méthone (v.), Meth on, g. onis. f. *ou* ona, onæ, f.
Métius, Met ius, g. i. m.
Micipsa, Micips a, g. æ. m.
Micythe, Micyth us, g. i. m.
Milon, Mil o, g. onis. m.
Miltiade, Miltiad es, gén. is. m.
Mindare, Mindar us, gén. i. m.
Minos, Min os, g. ois. m.
Minucius, Minuc ius, g. ii. m.
Mithridate, Mithridat es, g. is. m.
Modeste, Modest us, g. i. m.

M 3

Mœris (*lac*), Mœr is, *g.* is. *m.*
Moïse, Mos es, *g.* is, *ou* Moys es, *g.* is. *m.*
Molon, Mol o, *g.* onis, *m.*
Monique, Monic a, *g.* æ. *f.*
Mucien, Mucian us, *g.* i. *m.*
Mucius, Muc ius, *g.* ii. *m.*
Mustiole, Mustiol a, *g.* æ. *f.* ou Mustiol e, *g.* es. *f.*
NABAL, Nab al, *g.* alis. *m.*
Nabarzane, Nabarzan es, *g.* is. *m.*
Nabuchodonosor, Nabuchodonosor (*indéclinable*), *ou* Nabuchodonos or, *g.* oris. *m.*
Narcisse, Narciss us, *g.* i. *m.*
Nasica, Nasic a, *g.* æ. *m.*
Néchao, Necha o, *g.* onis. *m.*
Némésis, Nemes is, *g.* is. *f.*
Neptune, Neptun us, *g.* i. *m.*
Néron, Ner o, *g.* onis. *m.*
Nerva, Nerv a, *g.* æ. *m.*
Nicanor, Nican or, *g.* oris. *m.*
Nicée, Nicæ a, *g.* æ. *f.*
Nicias, Nici as, *g.* æ. *m.*
Nioclès, Nicocl es, *g.* is. *m.*
Nicodème, Nicodem us, *g.* i. *m.*
Nicocréon, Nicocre on, *g.* ontis. *m.*
Nicomaque, Nicomach us, *g.* i. *m.*
Nicon, Nic on, *g.* onis. *m.*
Niger, Ni ger, *g.* gri. *m.*
Nil (*fleuve*), Nil us, *g.* i. *m.*
Nisus, Nis us, *g.* i. *m.*
Nitocris, Nitocr is, *g.* is. *f.*
Noé, Noem us, *g.* i. *m.*

Nothus, Noth us, *g.* i. *m.*
Numa, Num a, *g.* æ. *m.*
Numidicus ou *Numidique*, Numidic us, *g.* i. *m.*
OCHA, Och a, *g.* æ. *f.*
Ochus, Och us, *g.* i. *m.*
Octave, Octav ius, *g.* ii. *m.*
Octavie, Octavi a, *g.* æ. *f.*
Oebasus, Oebas us, *g.* i. *m.*
Olympias, Olympi as, *g.* adis. *f.*
Olynthe (*v.*), Olynth us, *g.* i. *f.*
Omphis, Omph is, *g.* is. *m.*
Onésime, Onesim us, *g.* i. *m.*
Onias, Oni as, *g.* æ. *m.*
Oreste, Orest es, *g.* is. *m.*
Oronte, Oront us, *g.* i. *m.*
Orsine, Orsin es, *g.* is. *m.*
Osiris, Osir is, *g.* is, *ou* idis. *m.*
Ostie (*v.*) Osti a, *g.* æ. *f.*
Otanes, Otan es, *g.* is. *m.*
Othon, Oth o, *g.* onis. *m.*
Ovide, Ovid ius, *g.* ii. *m.*
Oxidraques (*les*), Oxidrac æ, *g.* arum. *pl. m.*
Oza, Oz a, *g.* æ. *m.*
Ozias, Ozi as, *g.* æ. *m.*
PACATUS, Pacat us, *g.* i. *m.*
Palican, Palican us, *g.* i. *m.*
Panopion, Panopi o, *gén.* onis, *m.*
Papirius, Papir ius, *g.* ii. *m.*
Parménion, Parmeni o, *g.* onis. *m.*
Parysathis, Parysath is, *g.* is. *f.*
Pasteur, Past or, *g.* oris. *m.*
Patient (*nom d'homme*), Pati ens, *g.* entis. *m.*

Patizite, Patizit us, g. i. m.
Patrocle, Patrocl us, g. i. m.
Patron, Patr on, g. onis. m.
Paul, Paul us, g. i. m.
Paule, Paul a, g. æ. f.
Pausanias, Pausani as, g. æ. m.
Pélopidas, Pelopid as, g. æ. m.
Péluse (v.), Pelus ium, g. ii. n.
Perdiccas, Perdicc as, gén. æ. m.
Périclès, Pericl es, g. is. m.
Périnthe (v.), Perinth us, g. i. f.
Persée, Perse us, g. i. m.
Pertinax, Pertin ax, g. acis. m.
Persépolis (v.), Persepol is, g. is. f.
Phaéton, Phaet on, génit. Phaeton tis. m.
Phameas, Phame as, gén. æ. m.
Phanès, Phan es, g. is. m.
Phanias, Phani as, gén. æ. m.
Phaon, Pha o, g. onis. m.
Pharaon, Phara o, g. onis. m.
Pharnabaze, Pharnabaz us, g. i. m.
Pharnace, Pharnac es, g. is. m.
Phébé, Pheb e, g. es. f.
Phédime, Phedim a, gén. æ. f.
Phère (de), Pheræ us, a, um.
Phéron, Pher o, gén. onis. m.
Phidippide, Phidippid us, g. i. m. ou Phidippid es, g. is. m.

Philémon, Philem on, g. onis. m.
Philippe, Philippus, g. i. m.
Philistins, Philistæ i, gén. orum. m. pl. ou Philistin i, g. orum. m. pl.
Philon, Phil o, g. onis. m.
Philonide, Philonid es, g. is. m.
Philotas, Philot as, g. æ. m.
Philoxène, Philoxen us, g. i. m.
Phocéens, Phocæ i, g. orum. m. pl.
Phocion, Phoci on, g. onis. m.
Phormion, Phormi o, gén. onis. m.
Phyton, Phyt o, gén. onis. m.
Pie, Pi us, g. i. m.
Pierre, Petr us, g. i. m.
Pilate, Pilat us, g. i. m.
Pindare, Pindar us, g. i. m.
Pisistrate, Pisistrat us, g. i. m.
Pison, Pis o, g. onis, m.
Pithon, Pith o, g. onis. m.
Pittacus, Pittac us, g. i. m.
Placide, Placid ius, g. ii. m.
Plancine, Plancin a, gén. æ. f.
Plancus, Planc us, g. i. m.
Platon, Plat o, gén. onis. m.
Pline, Plin ius, g. ii. m.
Plotius, Plot ius, g. ii. m.
Plutarque, Plutarch us, g. i. m.
Polémon, Polem on, gén. onis. m.
Pollion, Polli o, g. onis. m.

Pollux, Poll ux, *g.* ucis. *m.*
Polybe, Polyb ius, *g.* ii. *m.*
Polycarpe, Polycarp us, *g.* i. *m.*
Polydamas, Polydam as, *g.* antis. *m.*
Polysperchon, Polysperch on, *g.* ontis. *m.*
Polystrate, Polystrat us, *g.* i. *m.*
Pompée, Pompe ius *g.* ii. *m.*
Pompéianus, Pompeian us, *g.* i. *m.*
Pompilius, Pompil ius, *g.* ii. *m.*
Pompose, Pompos a, *gén.* æ. *f.*
Pomposianus, Pomposian us, *g.* i. *m.*
Pont-Euxin, Pont us-Euxin us, *g.* i, i. *m.*
Popilius, Popil ius, *g.* ii. *m.*
Porsena, Porsen a, *g.* æ. *m.*
Porus, Por us, *g.* i. *m.*
Pothin, Pothin us, *g.* i. *m.*
Prédarète, Predaret es, *g.* is. *m.*
Prexaspe, Prexasp es, *gén.* is. *m.*
Priene (*v.*), Prien e, *g.* es. *f.*
Primus, Prim us, *g.* i. *m.*
Prix (*St.*), Præject us, *g.* i. *m.*
Protagoras, Protagor as, *g.* æ. *m.*
Prudence, Prudent ius, *g.* ii. *m.*
Prusias, Prusi as, *g.* æ. *m.*
Ptolémée, Ptolemæ us, *g.* i. *m.*

Publicola, Publicol a, *g.* æ. *m.*
Pulcher, Pulch er, *g.* ri. *m.*
Putiphar, Putiph ar, *g.* aris. *m.*
Pylade, Pylad es, *g.* is. *m.*
Pyle (*ile*), Pyl us, *g.* i. *m.*
Pyrrhus, Pyrrh us, *g.* i. *m.*
Pythagore, Pythagor as, *g.* æ. *m.*
Pythias, Pythi as, *g.* æ. *m.*
Pythius, Pyth ius, *g.* ii. *m.*
QUINTE-CURCE, Quint us, Curt ius, *g.* i, ii. *m.*
Quintilien, Quintilian us, *g.* i. *m.*
Quintilius, Quintil ius, *g.* ii. *m.*
Quintius, Quint ius, *gén.* ii. *m.*
Quintus, Quint us *g.* i. *m.*
RAGUEL, Ragu el, *g.* elis. *m.*
Raphaël, Rapha el, *g.* elis. *m.*
Rébecca, Rebecc a, *g.* æ. *m.*
Régulus, Regul us, *g.* i. *m.*
Rémus, Rem us, *g.* i. *m.*
Rhège (*v.*), Rheg ium, *g.* ii. *n.*
Rhodes, Rhod us, *g.* i. *f.* (*de Rhodes*, Rhod ius, a, um.)
Roboam, Roboam us, *g.* i. *m.*
Rodilard, Bodilard us, *g.* i. *m.*
Romulus, Romul us, *g.* i. *m.*
Rosacès, Rosac es, *g.* is. *m.*
Roscius, Rosc ius, *g.* ii. *m.*
Roxane, Roxan a, *g.* æ. *f.*
Ruben, Rub en, *g.* enis. *m.*

SABINS, Sabin i, g. orum. m. pl.
Sagonte (v.), Sagunt us, g. i. f. ou Sagunt um, gén. i. n.
Salamine (v.), Salamin a, g. æ. f. ou Salam is, g. inis. f.
Salinator, Salinat or, g. oris. m.
Salomon, Salom on, g. onis. m.
Samson, Sams on, g. onis. m.
Samuel, Samu el, g. elis. m.
Sapor, Sap or, g. oris. m.
Sara, Sar a, g. æ. f.
Sardanapale, Sardanapal us, g. i. m.
Sardes (v.), Sard es, g. ium. f. pl.
Saturne, Saturn us, g. i. m.
Saul, Saul us, g. i. m.
Saül, Saül, g. is. m.
Scévola, Scævol a, g. æ. m.
Scipion, Scipi o, gén. onis. m.
Scytopolis (v.), Scythopolis, g. is. f.
Sébastien, Sebastian us, g. i. m.
Sédécias, Sedeci as, g. æ. m.
Séjan, Sejan us, g. i. m.
Séleucus, Seleuc us, g. i. m.
Sélimonte (v.), Selimont us, g. i. f. ou Selimont um, g. i. n.
Sempronius, Sempron ius, g. ii. m.
Sénèque, Senec a, g. æ, m.
Septime, Septim us, g. i. m.
Sertorius, Sertor ius, g. ii. m.
Servius, Serv ius, g. ii. m.

Sésostris, Sesostr is, g. is. m.
Sévère, Sever us, g. i. m.
Sextius, Sext ius, g. ii. m.
Sextus, Sextus, g. i. m.
Sicyone (v.), Sicy one, g. onis. f.
Sidon, Sid on, g. onis. f.
Sidoniens, Sidon ii, g. orum. pl. m.
Silure, Silur us, g. i. m.
Siméon, Sime on, g. onis. m.
Simon, Sim on, g. onis. m.
Sisara, Sisar a, g. æ. m.
Sisygambis, Sisygamb is, g. is. f.
Smerdis, Smerd is, g. is. m.
Socrate, Socrat es, g. is. m.
Sogdien, Sogdian us, g. i. m.
Solon, Sol on, g. onis. m.
Sophocle, Sophocl es, gén. is. m.
Sophrone, Sophron ius, g. ii. m.
Sparte (ville), Spart a, g. æ. f.
Spartiates, Spartiat æ, g. arum. m. pl.
Stangorus, Stangor us, g. i. m.
Statire, Statir a, g. æ. f.
Stilpon, Stilp on, g. onis. m.
Straton, Strat o, g. onis. m.
Sulpicien, Sulpician us, g. i. m.
Sunamite (la), Sunamit is, g. idis. f.
Suzanne, Suzann a, g. æ. f.
Suse (ville), Sus a, g. orum. n. pl.

Sylla, Syll a, g. æ. m.
Syphax, Syph ax, g. acis. m.
TACITE, Tacit us, g. i. m.
Tarquin, Tarquin ius, g. ii. m.
Tarse (v.), Tars us, g. i. f.
Taxile, Taxil us, g. i. m.
Térence, Terent ius, g. ii. m.
Téribaze, Teribaz us, g. i. m.
Tertullien, Tertullian us, g. i. m.
Thaïs, Tha is, g. is. f.
Thalès, Thal es, g. etis. m.
Thase (île), Thass us, g. i. f.
Thaumaste, Thaumast es, g. is. m.
Thébains, Theban i, g. orum. m. pl.
Thébé, Theb e, g. es. f.
Thèbes (v.), Theb æ, g. arum. f. pl.
Thémistocle, Themistocl es, g. is. m.
Théodore, Theodor us, g. i. m.
Théodore, Theodor a, g. æ. f.
Theodose, Theodos ius, g. ii. m.
Theodote, Theodot es, g. is. m.
Théopompe, Theopomp us, g. i. m.
Théramène, Theramen es, g. is. m.
Thérèse, Theres ia, gén. iæ. f.
Thermopyles, Thermopyl æ, g. arum. pl. f.
Théron, Ther o, g. onis. m.
Thessaliens, Thessal i, gén. orum. m. pl.
Thessalie, Thessali a, gén. æ. f.
Thesta, Thest a, g. æ. f.
Thibault, Theobald us, g. i. m.
Thoas, Tho as, g. antis. m.
Thomas, Thom as, g. æ. m.
Thrasybule, Thrasybul us, g. i. m.
Thucydide, Thucydid es, g. is. m.
Thyus, Thy us, g. i. m.
Tibère, Tiber ius, g. ii. m.
Tigrane, Tigran es, g. is. m.
Timolaus, Timola us, g. i. m.
Timoléon, Timole on, g. ontis. m.
Timon, Tim on, g. onis. m.
Timothée, Timothe us, g. i. m.
Tissapherne, Tissaphern es, g. is. m.
Tite. Tit us, g. i. m.
Tite-Live, Tit us-Liv ius, g. i. ii. m.
Titus, Tit us, g. i. m.
Tobie, Tobi as, g. æ. m.
Torquatus, Torquat us, g. i. m.
Totila, Totil a, g. æ. m.
Trajan, Trajan us, g. i. m.
Trasimène, Trasimen us, Lac us, g. i, ûs. m.
Tullius, Tull ius, g. ii. m.
Tullus, Tull us, g. i. m.
Turcius, Turc ius, g. ii. m.
Turenne, Turenn ius, g. ii. m.
Tyr (v.), Tyr us, g. i. f.
Tyriens, Tyri i, g. orum. pl. m.
UDIASTE, Udiast es, g. is. m.

Ulysse, Ulyss es, *g.* is. *m.*
Usthazade, Usthazad es, *g.* is. *m.*
Valens, Valens, *g.* entis. *m.*
Valère, Valer ius, *g.* ii. *m.*
Valérien, Valerian us, *g.* i. *m.*
Valérius, Valer ius, *g.* ii. *m.*
Varron, Varr o, *g.* onis. *m.*
Varus, Var us, *g.* i. *m.*
Védius, Ved ius, *g.* ii. *m.*
Vénus, Ven us, *g.* eris. *f.*
Vérus, Ver us, *g.* i. *m.*
Véturie, Vetur ia, *g.* iæ. *f.*
Victor, Vict or, *g.* oris. *m.*
Vincent, Vincent ius, *g.* ii. *m.*
Virgile, Virgil ius, *g.* ii. *m.*
Virginie, Virgin ia, *g.* iæ. *f.*
Virginius, Virgin ius, *g.* ii. *m.*
Vitellius, Vitell ius, *g.* ii. *m.*
Volsques, Volsc i, *g.* orum. *pl. m.*
Voltaire, Voltar ius, *g.* ii. *m.*
Xantippe, (nom d'homme), Xantipp us, *g.* i. *m.*
Xantippe (nom de femme), Xantipp e, *g.* es, *f.*
Xénophon, Xenoph on, *g.* ontis. *m.*
Xerxès, Xerx es, *g.* is. *m.*
Xyste, Xyst us, *g.* i. *m.*
Zacharie, Zachari as, *g.* æ. *m.*
Zaleuchus, Zaleuch us, *g.* i. *m.*
Zébédée, Zebedæus, *g.* i. *m.*
Zélateurs, Zelator es, *g.* um. *pl. m.*
Zénon, Zen o, *g.* onis. *m.*
Zoïle, Zoïl us, *g.* i. *m.*
Zopire, Zopir us, *g.* i. *m.*

FIN DU TOME SECOND.

www.ingramcontent.com/pod-product-compliance
Lightning Source LLC
Chambersburg PA
CBHW050631170426
43200CB00008B/971